理论的味道

党校学习笔记

赵强 —— 著

THE TASTE OF THEORY

CS 湖南人民出版社

自序

摆渡人的歌

2018年9月之前，中央党校之于我，是一座崇高的殿堂、一方神秘的处所，甚或只是一个高大上的抽象概念；2019年元月之后，中央党校之于我，是一座严谨的学府、一处生动的所在、一段用学理与友情熔铸的美好记忆，将蔓延至未来的未来。

受组织安排，我于2018年9月1日走进中央党校大院，同中青年干部培训二班（第19期）的120多位同学一起参加学习。为期四个半月的时间里，大家埋头苦读、深入研讨，交流情况、交换思想，用收获满满来形容一点也不为过。

开学之初，有感于董振华教授导读《共产党宣言》时的一些观点，我整理了一篇学习笔记，发在个人公众号里。不承想，分享到班级群里后，同学们纷纷点赞鼓励，由此激发了我继续整理学习笔记的兴致。

人都是有惰性的，尤其到了我们这个年纪，上有老、下有小，在单位里都承担了一定的管理责任，工作生活事务庞杂，或多或少总会有一种想歇一口气的情绪拖拽着自己。除了自我加压，或是为了不负众望，外在的刺激和压力，也是我们对抗惰性的武器。其实，在推送第一篇学习笔记时，我就特地注明"党校学习笔记（一）"。这纯属给自己"找事"，目的是逼着自己动动笔。有"一"必须有"二"啊，写完了"一"就没了下文，别人不说你，你自己都会觉得难为情。

同学们的鼓励，给了我动力，但更多的是压力。这还不算，整理完几篇后，有同学"撺掇"说，四支部（我所在的支部）一共31位同学，还有两位组织员老师，你怎么着也得一人一篇才够数吧？我领命了。这就是33篇党校学习笔记的由来。

我由衷地感谢我的老师和同学们，没有他们的关心、支持和鼓励，我可能整理完前几篇就鸣锣收兵了。没有人比我更知道自己的惰性有多强！

33篇笔记，基本都是结合党校教学和生活的点点滴滴有感而发，其间穿插了若干对工作与学习的思考，有些议题长久萦绕在脑子里，正好借着笔记整理，好好梳理一番。总起来说，主要包括几个方面的内容：党校的景，党校的课，党校的人。

中央党校位于京西北大有庄，南邻颐和园，东望圆明园，在京郊"三山五园"环绕之间自成一格，被认为是"留在北京的美丽地标"。据说大有四季各有特色，一时一色，一日一景。我们秋季入学，绵延入冬。大有的秋，是各种美的元素不规则地按着某种规律铺陈，杂乱而有序，美艳而清纯。大有的冬来临时，北风萧瑟间，枝向苍穹，叶落满地，整个校园豁然开朗。如果说大有的秋是一幅印象派油画，气氛浓烈、异彩纷呈，那么大有的冬更像是简笔素描，线条简洁、风格质朴。我想尽可能地把大有的美景写进笔记中、留在记忆里，怎奈笔力不济，转念一想，缺憾也恰好可以成为美的补白，继而释然。

党校是轮训和培训党的各级领导干部和马克思主义理论干部的学

府，是学习、研究、宣传马列主义、毛泽东思想和中国特色社会主义理论体系的阵地，也是各级领导干部加强党性锻炼、提升党性修养的熔炉。党校的课，或分专题，或成体系，但都贯穿着马克思主义的立场、观点和方法，用学术讲政治，以科研促党建，承担着资政育人的神圣使命。马克思主义基本理论，典籍充栋，皇皇大观，几个月的学习，只能学得一鳞半爪，但却已经足以管窥马克思主义的深邃与厚重。系列学习笔记中，我用了不少篇幅，尽可能简明扼要地记录授课要点，以求分享同仁。不少朋友看到笔记后说，读完笔记，如同一起参加了党校的学习。这也恰恰是我的初衷之一。

党校的老师和同学，是党校生机与活力的人格载体。这里名师荟萃、方家云集，许多老师个性鲜明，远不是"正襟危坐""不苟言笑"这些刻板偏见可以描摹。比如，罗平汉教授一口浓重的乡音，讲座中却要执着地解释他说的的确是普通话。举座皆惊，继而哄堂。个性化的幽默风趣最终"拯救"了他。卓泽渊教授是一位诗意盎然的法学家，据说讲课皆以"定场诗"开场。同样乡音顽固的卓教授一开口，就让人深感之前错怪了罗教授。不说二位教授的学术造诣，单就方言而论，二位恐怕难分伯仲、各有千秋。我在笔记中展现了党校课堂的部分生动场景，只是想要说明，如果以为党校的课堂四平八稳、了无生趣，实在是一场误会。

还有我这帮可亲可敬的同学们。一帮四五十岁的中年人，学得那么刻苦，练得那么积极，聊得那么开心，像孩童般生机勃勃。作为一名媒体人，作为社会现实的观察者和记录者，看着身边这群生动活泼的人，这群摩拳擦掌的人，这群怀有理想主义的实践者，这群可以称得上中坚力量的人，甚觉鼓舞，甚觉感奋。这个时代塑造了他们，他们也在塑造这个时代。身边的这些"官员"样本，从统计学意义上说，似乎没有什么说服力，但他们却是鲜活的、生动的、立体的。他们至少可以说是中国"官员"群体的一个缩影，他们身上迸发出的党性立场、为民情怀、创业动力、勤勉学风、踏实作风，给我留下了深刻的印象。所以，我在笔记中情不自禁地感叹：党校最生动的是人！

学习的目的，全在于运用。我的职业生涯，同理论和舆论工作紧密相连，舆论工作七年有余，理论工作整整十载。这不能不让我把学习笔记的篇幅，更多地向这两个领域倾斜。其中一点想法尤其强烈。2013年8月19日，习近平总书记在全国宣传思想工作会议上强调指出："一个道理能深入浅出阐释清楚，走到哪里能很快同群众打成一片，讲的话群众喜欢听，写的文章群众喜欢看，这样才主动，才能得心应手。各级宣传思想部门领导同志要加强学习、加强实践，真正成为让人信服的行家里手。"这契合了我长久以来的思考——新闻舆论工作者的角色定位到底应该是什么？

新闻舆论工作者每天接触的新鲜事物涉及方方面面，涵盖各个领域。为了满足工作需要，各方面信息都要了解一点，各方面知识都要学习一点，这就注定了媒体人必须做一名"万金油"式的"杂家"。这不丢人，真能做到这一点，已然不容易。当然，如果结合自己的工作，在广为"撒网"的同时，又能专攻某个领域，成为这个领域的专家，也是值得赞誉的。

但是，正如一名大学校长首先应该是一位教育家一样，我觉得媒体人更应该追求的，是成为"翻译家"，成为"传播家"。

一名称职的媒体人，必须是一名好的"翻译"，要善于把冷僻的知识、深刻的论断、繁复的逻辑、晦涩的术语"翻译"成普通读者能够看懂的文本。如果别人都看不懂或都不爱看，你还怎么说服人、怎么引导人、怎么完成这个社会赋予你的使命？要做好"翻译"工作，就要深谙传播之道，准确把握受众需求、深入研究受众心理，用合适的语言、合适的形式、合适的载体，把想说的"道理"传播出去，在同受众的良性互动中进一步推动下一个环节的传播。

从这个意义上说，媒体人的角色，更像是一位"摆渡人"，他把实践中的舆情收集过来，又把理论中的思考投放过去，在理论和舆论间穿梭，在思想和实践间互动。摆渡人最需要做的，是让两岸的人们安全、顺利进而尽可能舒适地到达彼岸。媒体人也一样，更应该专注的是把"道理"讲清楚、说明白，多用通俗化的理论分析舆论热点，多用形象化的舆论诠释理论观点，让"道理"入眼、入脑、入心。

邓小平同志说："学马列要精，要管用的。长篇的东西是少数搞专业的人读的，群众怎么读？要求都读大本子，那是形式主义，办不到。"

所以，《理论的味道》沿袭了我在上一本书——《舆论的脾气》里的表达风格，在保持一定学理性的基础上，尽可能深入浅出、通俗易懂，而不是把它写成教科书或是教科书的翻版。能否达到这样的效果，是能力问题；追求这样的效果，是价值取向问题。这是媒体的职能，也是媒体人的本分。

在系列学习笔记中，我花了三分之一的篇目来讨论这些问题——《理论与舆论，该如何共舞》《"塔西佗陷阱"的舆论学反省》《理论学习，不能太功利》《没有"里子"，哪来"面子"》《通俗些，再通俗些》《理论通俗化的三大主体》《理论民族化的圣地》《理论的味道》《舆论的脾气》《安全之"舆"》，这些都是多年工作实践中生发的一些思考，感谢党校期间的学习，不仅让我有了更多思考的路径和新鲜的启示，也让我有时间相对系统地梳理这些心得。

很多年前，我喜欢上一首歌——《摆渡人的歌》。歌词有云：

黎明冉冉苏醒尘雾中／他慢慢走来／晚霞渐渐昏暗暮色里／他将要离开……

歌声悠远，意蕴绵长。今天想来，感触尤甚。

是以为序！

CONTENTS
理论的味道

目录

削足适履，舆论切莫"眼见为实"。不管是舆论还是理论，都要学会抓住主要矛盾。抓住了事物的主要矛盾，理论就能一语中的，舆论就能一针见血。

◆埋头实干与抬头望天 /052

善谋大局者，必先熟稔工作的重点是什么、难点在哪里，唯其如此，才能有的放矢、排兵布阵。善抓具体者，也是心里装着全局的棋谱，知道何时跳马、何时拱卒，如果只是盯着眼前这一两步棋，常常难免满盘皆输。

◆理论与舆论，该如何共舞 /059

有理论在背后打气，舆论才不会胡乱发脾气；舆论时不时发点脾气，也会激发理论直面现实问题的勇气。如果理论想要跨界，就要懂得入乡随俗，照顾舆论的"审美"观，穿上舆论看着顺眼，至少不会排斥的衣服。

◆"塔西佗陷阱"的舆论学反省 /065

舆论的"标签化"特性、舆论场上的"公地悲剧"、舆论应对的"破窗效应"，共同形成了"塔西佗陷阱"。在舆论介入愈发频繁、愈发深入、愈发强势的今天，如何走出"塔西佗陷阱"，已成当务之急。

◆理论学习，不能太功利 /072

如果理论学习成了装点门面、应付差事、展示"才干"、谋取私利的手段，而不是提升素质、增强能力、开阔视野、拓展格局的途径，按照马克思、恩格斯有关"异化"的观点，岂不是理论学习也"异化"吗？

世的零散脉络做一些梳理。律己：受人之托，忠人之事；成人之美，与人为善。对人：多看别人的长处，多想别人的难处，多念别人的好处。

◆党校最生动的是人 /112

我身边的这30个"官员"样本，是鲜活的、生动的、立体的。他们至少可以说是中国"官员"群体的一个缩影，他们身上迸发出的党性立场、为民情怀、创业动力、勤勉学风、踏实作风，给我留下了深刻的印象。

◆你我就是那一片雪花 /119

雪崩时，没有一片雪花是无辜的。就政治生态而言，每个干部都是这个生态环境的一部分。身处不良政治生态中，你被生态改变，这个生态就会恶化一分；你抱定操守，这个生态也就变好一分。

◆文化力 /125

中国实现和平发展，需要有一个良好的国际环境，否则，中国的发展就会被非议、诋毁甚至是舆论围剿拽住手脚、牵扯精力。这必然会导致发展阻力加大、发展成本增加、发展速度减缓。文化亟待发力。

◆历史没有终结 /131

历史的深邃在于，它给你一个窗口，让你有可能猜到序幕，却又在后面加上一道道屏风，让你猜不到结局。所以，"历史终结论"受到了历史的挑战，遭到了现实的终结。历史没有终结，也不可能被终结。

实际问题的内在要求，是理论掌握群众的内在要求。又一次站在延安的大地上，进一步思考和领会理论的民族化问题，身临其境，思绪万千，很有味道。

◆走出书斋，到现场去 /171

知道贫困地区很艰苦，但不知道这么苦！知道基层干部不容易，但不知道这么难！待在机关里闭门造车，守在书斋里纸上谈兵，不仅会同实际工作脱节，更关键的是，会让自己从身心两个方面远离群众。

◆扶贫，抚平 /179

放眼古今中外，恐怕没有哪个朝代、哪个国家、哪个政党，能像当代中国、像共产党这样，集中精力把群众脱贫作为重中之重。

◆咱们的领袖毛泽东 /187

一些宵小之辈，对毛主席语出不敬、恶意羞辱，他们的底气何来？他们的良知何在？鲁迅先生被毛主席誉为"文化新军的最伟大和最英勇的旗手"，先生早年写下的一番话，又在身后为毛主席作了最公道的评判。

◆理论的味道 /195

理论四味，苦辣酸甜。古人云，治大国如烹小鲜。理论比如菜谱，菜谱只是给了我们一个基本的参考，具体煎炒烹炸，还需要"厨师"根据实际情况，实事求是地摸索尝试，做出具有自己特色的美味佳肴。

制度自信，底气何来

◎ 2018 年 9 月 14 日

1

关于马克思主义经典著作导读，如《共产党宣言》，董振华教授的一些观点，听来很有启发。比如，要客观看待文化的差异。董教授讲到，在读西方经典原著的时候，你会发现每一个字你都认识，但就不知道它是什么意思。为什么出现这个情况？就是因为你缺乏对西方文化的了解，反之亦然。你说："这两天我上火了。"中国人一听就明白什么意思，但是对一个从没接触过中国文化的外国人而言，理解起来可能会很难，因为他不了解中医。这就是我们为什么会在国际交往中，经常出现这样或那样的冲突，这些冲突的实质是文明背后的文化冲突。

对此，我深有共鸣。在《舆论的脾气》一书里，我专门写了一节《鸡同鸭讲》，说的也是这个道理。

几年前，在从华盛顿飞往旧金山的飞机上，我同邻座的一位美国妇女攀谈。在两个多小时的交谈中，我试图用蹩脚的英语多向她介绍介绍中国，光是故宫，就跟她比画了半天。对于中国古代的皇帝和那么多妻子一起，住在那么大的一个院子里，她感到十分好奇。听说我工作的单位就在故宫旁边，她甚至用近乎夸张的语气说："Really（真的吗）？"

又聊了一会，她突然问我："听说北京还有一个 Gugong（故宫）？"我愣了。转念一想，恍然大悟。

原来，我在介绍故宫时，始终用 The Forbidden City（紫禁城）指代。按照我的理解，The Forbidden City 这个词，是专为外国人量身定制的，美国人应该知道，而 Gugong 这个词是汉语拼音的直译，美国人怎么可能会懂？

这是一个常见的误区。不同的文化之间，因为语言的隔膜，沟通起来非常困难。于是，我们努力用自认为对方最能接受的方式来表达自己的意思，但这往往只是一厢情愿，对方可能更加云里雾里，而我们自己原本要表达的意思，不仅打了折扣，还有可能被误解和扭曲了。

同一件事情，不同的人之间看法会有分歧。出现这些分歧，原因各异，但许多时候也许就是思维方式不同所致，很难说谁对谁错。不同文化环境成长起来的人，会有不同的思维方式。有些在我们看来稀松平常的事情，外国人会觉得很有意思；有些事情在我们这里习以为常，比如家长呵斥甚至打骂孩子，但许多国家却绝不能容忍这样的事情发生。

回到对外交流，我们常常为中国被西方误解而大伤脑筋，但是平心静气地想一想，这里面固然有意识形态因素，但思维方式不同、历史文化隔阂、价值观念差异等诸多因素，是不是也是造成这种误解的重要原因呢？在埋怨别人误解我们的同时，我们是不是也在误解别人对我们的误解呢？

听上去有点绕，但它的确是个值得我们深思的问题。讲好中国故事，这个问题一定要厘清，不能埋着头写剧本却不看观众。这方面，我们还有很大的改进空间。

2

董教授还说，黑格尔认为人类有三种文明：西方文明、中国文明和印度文明。他认为文明的背后是文化，而文化的灵魂是哲学。在《哲学史讲演录》里面，黑格尔谈到了三种文明背后的三种文化和哲学源头：西方文明起源于古希腊哲学，中国文明起源于先秦哲学，印度文明起源于古印度哲学。

黑格尔还对这三种哲学的基本特点和文化差异做了深刻的分析和概括。西方哲学就是古希腊的纯粹的理性：非此即彼，不是真就是假。中国的哲学是实用的理性，是三值逻辑：除了"真"和"假"以外，还有第三值，即可能与真假无关，也可能真也可能假，也可能既不真也不假。印度哲学是无节制的想象力，也就是没有逻辑，没有理性。

董教授说，这种哲学的不同，造成了中国和西方的文化和文明的冲突。例如美国人是西方思维方式，在他们的逻辑中不存在共赢和共享问题，因为在他们看来，任何事情就是非此即彼，不是好就是坏，不是利就是弊。而对于中国人而言，我们恰恰超越了这种二分的思维方式，强调共赢和共享，所以我们可以提出"构建人类命运共同体"的理念。我们提倡的共享就是三值逻辑的哲学思维。对于二值逻辑的人来说，他们很难理解三值逻辑的思维方式。

这段阐述，除了可以运用到讲好中国故事的事务中以外，还启发了我的另一个思考。

来党校学习，学员需要带来希望党校解决的一个思想理论问题和群众关心的热点问题，即"两带来"。我带来的理论问题是：希望党校能够梳理古今中外制度建设的得失成败，帮助学员厘清：哪些是人类制度文明的共同追求，需要进一步继承和发展；哪些是人类制度探索的地方性记述、局部性概括、阶段性总结，需要根据各自国情和时代需求，因时制宜地扬弃和实践；哪些是人类制度建设的迷思和误区，需要结合已被实践证明了的成功经验厘清并大胆地破除。通过这样的梳理和阐释，帮助学员从逻辑起点和思想根源上切实增强制度自信。

董教授的这段分析，对于解答我的问题，提供了有益参考。

3

为了进一步求教，我给董教授发去邮件：

董教授，您好！

今天上午聆听了您的精彩授课，对《共产党宣言》的理解有了深化和升华，非常感谢！

您在讲课中提及西方文明遵从"二值逻辑"，讲究非此即彼、非白即黑，而中华文明遵从"三值逻辑"。这让我想到了冯友兰先生在《中国哲学简史》中的一段话："中国哲学的任务，就是把这些反命题统一成一个合命题。这并不是说，这些反命题都被取消了。它们还在那里，但是已经被统一起来，成为一个合命题的整体。"我粗浅地理解为，中国哲学常常把白与黑、是与非、左与右这些看似对立的因素进行调和，形成了第三种形态。我不知道这是否就是中国人尊崇的中庸之道。

之所以说这些，是想结合我自己长期思考的一个问题：中西政治制度对比，我们的制度优越性到底在哪里，它的政治哲学基础在哪里，这种优越性是否具有必然性、合规律性？只有回答清楚这个问题，才能解开思想上的"扣子"，筑牢制度自信的思想根基。

譬如，西方民主制度，推崇分权，讲求权力制衡，但是这个过程，却是以消耗和降低执政效率为代价的。这算不算是您所说的"二值逻辑"？也就是说，他们认为权力制衡与执政效率是不可兼得的。我们实行民主集中制，而民主与集中，按照二值逻辑是不可统一的，但是我们却从理论到实践，实现了民主与集中的统一。此外，在具体的体制机制层面，我们还倡导和践行德治与法治的平衡、效率与公平的平衡、执政与监督的平衡。

这是不是能够说明三值逻辑更具有智慧？或者说，中华文明的这种特质，对于我们的文化和制度建设，具有得天独厚的优势？

对哲学问题一知半解，所以上述问题可能比较混乱，表述也不够准确，恳望董教授不吝赐教！感谢，秋安！

几天后，董教授回复：

非常感谢您的肯定和鼓励！关于"二值逻辑"和"三值逻辑"的提法，这是我个人的一个不是很成熟的看法。西方的传统逻辑是二值逻辑，这是从一般意义上来说的，这就造成了他们思维方式的对立、制衡、冲突、片面、改造与对抗这样的模式。中国的逻辑是三值逻辑，强调"一阴一阳之谓道"，但是阴阳不是对立的，而是一体的，世界上的事物实际的存在状态本质上来讲都是阴阳化育的结果，都是以第三值的形式而存在。纯粹的阴和阳在现实生活中是不存在的，只是以什么样的比例合成存在而已。最基本的原则就是"中庸"。所谓中庸，不偏之为中，不易之为庸。执其两端用其中，这个"两端"就是指"阴"和"阳"。

形而上者谓之道，形而下者谓之器。中西方制度安排是器物层次的问题，都有他们的合理性，但是也都有局限性，关键是要"适合"，就是合道顺德。这个"适合"就是唯物辩证法的原则，既要合乎时宜，又要因地制宜。片面强调一个方面，而否定别的方面，这都是独断论，其结果不是文化的自卑就是文化的自负。个人的一点肤浅看法，仅供参考。

党校教授的严谨与认真，从董教授的回复中可见一斑。

4

交流的结果，就是能够让自己突破思维的局限，获取思考的空间。董教授的回复，为我开辟了又一条思考路径。我再次致函董教授：

非常感谢董教授的精彩回复。

您的解释，给了我进一步的思考与启示。归根到底，对一个制度的评价和审视，还是要实事求是，客观观察它所赖以萌芽的土壤和不断生长的外部环境。这些制度，不论是西方的，还是中国特色社会主义，在特定历史时期和阶段，都有其存在的合理性和必然性，同时也都要随着时代发展不断与时俱进、革故鼎新。我们不能简单地用中国特色社会主义的成就去否定西方制度，这不是真正的制度自信，是一种自卑，是历史悲情的变态反应；我们也不能用中国特色社会主义对中国国情的适应性，简单贬斥西方制度对中国的不适应性，这是一种逻辑混乱的比较，容易引发盲目的制度自负。

我们应该从各自制度对于各自国情的适应性上，从各自制度顺应时代发展的合理性上，从各自制度解决各自国内外矛盾的有效性上，进行综合比较，最终得出结论。从这个层面看，我们的制度，的确有更胜一筹的优越性。把这些问题讲清楚，可能更有利于从逻辑上和思想上增强制度自信。

再次感谢董教授的悉心指导。祝您工作顺利，身体健康！

增强问题意识、找准问题导向，是求真务实应有的科学态度。来党校学习，把平日工作学习中思考的问题带来,利用这么好的学习资源，通过这么好的交流平台，有的放矢地学，直截了当地问，真是难得的好机会。

跟老师的咨询往复表明：带着问题学习，果然是一个很好的学习方法！

真羡慕你们，尊重实事求是

◎ 2018 年 9 月 17 日

1

9 月 2 日上午，埃及总统塞西在党校发表演讲。答问环节，他的几段话让人印象深刻。

——经历了"阿拉伯之春"造成的地区危机后，我们体会到，首要的是保证国家安全稳定和团结。国家就是一台机器，这应该是一台团结的机器，如果团结被破坏了，机器很难修复。

——今天参观中央党校校史展，一个重要的收获，就是你们尊崇的"实事求是"。"事"有自己的"事"，有别人的"事"。我们有时候把别人的"事"和自己的"事"混为一谈，这不符合国情。用别人的"事"没法求自己的"是"，只有从本国国情出发，才能求到自己的"是"。

——你们问我，"阿拉伯之春"为什么会发生，将来还会不会再发生？第一个问题，背景很复杂，也许还藏着某种阴谋。你们说"实践是检验真理的唯一标准"，通过实践检验才能取得成功。你们这样做是正确的，这是中国取得令人尊敬的成就的重要原因，我们很羡慕。这是今天我来这里的第二个收获。埃及经济发展得怎样，也是我们检验真理的一个重要标准。"阿拉伯之春"，让利比亚、也门等地区国家陷入巨大的灾难，叙利亚至今还在战火之中。埃及算是受"阿拉伯之春"影响后唯一稳定下来的国家，人民希望稳定，国家需要稳定，这是实践告诉我们的。所以我认为，"阿拉伯之春"，将来不会在埃及上演了。

以上几段话，从一个经历社会剧烈动荡的地区大国领导人口中说出，具有很强的现实性。

2

2010年12月17日，一位26岁突尼斯小贩的抗议自焚，引发了一系列的国家动荡和地区紧张。彼时，年轻人穆罕默德·布瓦吉吉的死，博得了突尼斯普通大众的同情，也激起了突尼斯人长期以来对失业率高涨、物价上涨以及政府腐败潜藏的怒火，致使当地居民与突尼斯国民卫队发生冲突，随后冲突蔓延到全国多处，形成全国范围内的大规模社会骚乱，并造成多人伤亡。

客观地说，这原本是一个个案、一起突发事件，但其背后又有深层次的社会政治经济原因。自焚事件迸射出的火星，掉到了遍布干柴的地上，陡然燃起熊熊大火。最终，事态急转直下，突尼斯总统本·阿里不得不放弃权力，于2011年1月14日深夜飞往沙特寻求政治避难。半年后，突尼斯首都一家法庭以挪用公款罪缺席判处本·阿里及其妻子35年徒刑。

相同或相似的文化背景、语言环境及社会状况，使得这场动乱迅速蔓延至其他阿拉伯国家，引发了阿尔及利亚、埃及、利比亚、叙利亚等国的抗议运动，并逐渐席卷阿拉伯世界，被称为"阿拉伯之春"。

这场始于突尼斯的政治飓风，让诸多阿拉伯国家的人民走上街头，他们怀着对民主的渴望，却看到了愈演愈烈的暴力和动荡。此外，经济停滞、国力骤降、物价飞涨，失业的人们一次次走上街头，迎来权力的一次次更迭。

埃及首当其冲。2011年1月25日，埃及民众爆发了一系列街头示威、游行、集会、骚乱、罢工等反政府活动。抗议示威活动波及埃及国内多座城市，其中尤以首都开罗和亚历山大最为激烈，据称有超过一百万人参与了此次抗议。半个月后，埃及副总统奥马尔·苏莱曼通过国家电视台宣布，埃及总统穆罕默德·胡斯尼·穆巴拉克已经辞去总统职务，并将权力移交给埃及武装部队最高委员会。

经过三年多的波折，2014年6月3日，埃及最高选举委员会宣布，塞西以96.91%的得票率当选总统。2018年4月2日，塞西再次以97.08%的选票成功连任。埃及社会进入塞西时代。

3

2016年1月，习近平主席访问埃及之际，我曾随央媒代表团访问埃及。时值"阿拉伯之春"5周年，开罗似乎已经看不出太多当年动荡的痕迹，街上也是车水马龙，大巴扎到处人头攒动。但是街头荷枪实弹的军警随处可见，入住宾馆也要经过多道安检，据说零星恐袭仍时有发生，这又让人难免心存不安。

跟几位开罗普通民众聊天，他们对"阿拉伯之春"给埃及带来的动荡与灾难无不痛心，对已经稍显平静的城市还心有余悸。他们对穆巴拉克感情复杂，认为他对埃及成为地区大国功不可没，又认为他后期已经走向人民利益的对立面，早该下台。但是，他们对塞西却几乎异口同声地表示拥护，充满期待。

这几年，埃及的发展稳步推进，2017年的经济增长率据说达到了

5% 以上，经济发展、社会稳定，是最大的政治，也是最大的民心，看来埃及民众的期待没有落空，塞西得以连任也在情理之中。

陪同我们的是一位中文名叫"贾宝玉"的小伙子。他来自亚历山大，开罗大学中文专业毕业，是家里唯一一名男孩，也是家里唯一上了大学的孩子。据说当时因为差了几分，他没能选择心仪的专业，"被迫"学了中文。但是，他现在很为自己学习了中文而高兴，因为通过从事中文教师、导游等行当，让他过上了中产生活。他在开罗有自己的大房子，还在老家为父母建了住宅。中埃交流与合作的成果，由此可见一斑。

从塞西的演讲和答问中，可以看出中埃合作，从实践到理念，都有不少共通之处。期待双方都能蓬勃发展，希望同为文明古国的埃及，也能像中国这样，长治久安。这样的祝福，也是一种实事求是的态度。

4

边立新教授在讲《马克思主义的世界观和方法论》时说："什么是真正的实际？第一种：通过感觉经验获得的表象；第二种：通过理性思维获得的隐藏在现象背后的本质和规律。一切从实际出发，不是从现象或感觉出发，而是从客观规律出发。这就是毛主席所说的实事求是。"邓小平同志也曾说过，实事求是是马克思主义的精髓。改革开放的成功，不是靠本本，而是靠实践，靠实事求是。

前几天，一篇题为《中国私营经济已完成协助公有经济发展的任务，应逐渐离场》的"奇文"在自媒体发出后，引起轩然大波。虽然文章很快被删除，但社会各界对此文的批判络绎不绝。

没来得及看到这篇原文，恰好在读《共产党宣言》，1888 年英文版序言中有这么一句话：每一历史时代主要的经济生产方式和交换方式以及必然由此产生的社会结构，是该时代政治的和精神的历史所赖以确立的基础，并且只有从这一基础出发，这一历史才能得到说明。

后面又读到《〈政治经济学批判〉序言》，文中说：人们在自己生活的社会生产中发生一定的、必然的、不以他们的意志为转移的关系，即同他们的物质生产力的一定发展阶段相适合的生产关系。

中学课本中学到的"生产力决定生产关系，生产关系要适应生产力同时有反作用于生产力"，可不可以这样理解：当代社会主义中国，生产力水平还远没有充分发展到能够承载"一大二公"的地步，只能选择没那么"纯"、但却与目前生产力水平相适应的生产关系。所以我们提出"两个毫不动摇"——毫不动摇地巩固和发展公有制经济，毫不动摇地鼓励、支持、引导非公有制经济发展。

这样的选择，是不以人们的意志为转移的，硬要拗着规律来，必然要栽跟头。这样的亏，我们吃过。好在我们特别善于在总结经验教训中不断前进，跌倒了，爬起来，想清楚为什么跌倒，然后拍拍身上的泥土，更加稳健地朝前走。

"无论哪一个社会形态，在它们所能容纳的全部生产力发挥出来以前，是决不会灭亡的；而新的更高的生产关系，在它存在的物质条件在旧社会的胎胞里成熟以前，是决不会出现的。"马克思在《〈政治经济学批判〉序言》中的这段话，用来回应上述"奇文"，实在再合适不过。脱离这条基本原理的高谈阔论，要么是为了哗众取宠，要么是为了特殊目的，总之，不是实事求是。

所以，党的十九大报告明确指出："我国仍处于并将长期处于社会主义初级阶段的基本国情没有变，我国是世界最大发展中国家的国际地位没有变。"这个判断，是新时代各项大政方针能够脚踏实地制定和执行的基石。

5

说句题外话。董振华教授在导读《共产党宣言》时介绍，狂人萨特，就是那位被哲学"耽误"了的作家、唯一一位拒绝了诺贝尔文学奖的大佬，不无幽怨地表示，马克思是我们这个时代的宿命，任何试图超越马克思的人，不是在重复着马克思曾经说过的话，就是回到了马克思之前。另一位比萨特还"狂"的狂人海德格尔，则干脆表示，萨特和马克思不在一度上，根本没有资格评价马克思！

董教授说："与这两位饱学之士相比，不知道现在有些人对马克思嗤之以鼻的勇气来自哪里？他们不是无知，就是无耻。"

高度赞同董教授的这番话！同时觉得，这样的斥责，同样适用于那些贬损、侮辱毛主席以及其他伟人和先烈的一小撮。

这种态度，也是一种实事求是。

马克思，值得我们凝望

◎ 2018 年 9 月 19 日

1

马恩经典著作研读单元暂告段落，最大的感受是，对经典作家的崇敬，已经从感性的膜拜向理性的认同延展。中央一再倡导读原著、学原文、悟原理，这也许是重要原因，至少是原因之一。

我们这代人，接受的教育、成长的环境、分析的视角、理论的工具，在深层次上，都离不开马克思主义的熏陶。马克思主义是我们的意识形态，更成为沉浸其中的人们秉持的世界观和方法论。尽管许多时候，我们浑然不觉。我们中的大多数人，都在潜移默化地用马克思主义的立场、观点和方法，认识世界、分析世界、改造世界。我们常说，"要历史地、辩证地看问题""要抓住主要矛盾"等，就是这个道理。是否受过系统的马克思主义理论学习，是否是共产党员，都不影响这一点。归根到底是因为马克思主义是科学的，契合人们的感知，也符合人们的理性。

我对马克思、恩格斯、列宁、毛泽东等经典作家，几乎都满怀崇敬之情。2018 年 4 月，在延安学习时参观凤凰山革命旧址毛泽东旧居，特地在写出《矛盾论》《实践论》《论持久战》等经典名篇的窑洞里留影；暑期造访布鲁塞尔，特地到白天鹅咖啡馆前恭敬瞻仰，想象马恩撰写《共产党宣言》的场景；更早些年，出访英国，也曾专程到伦敦北郊的海格特公墓祭拜马克思，凝视伟人雕像基座上的那句名言，久久沉吟。

只要有基本的公道，没有偏见与狂妄，对这些伟人的敬意，还是熔铸在普通人的朴素情感里的。我坚信！

2

但是，如果不去认真研读原著，不去用心咀嚼原文，对马克思主义的尊崇，多少还是留有缺憾的。经典原著中，一篇篇大开大合的雄文、一段段逻辑严密的论证、一句句鞭辟入里的言辞，都让我们感受着文字的力量、逻辑的力量、真理的力量。

"批判的武器当然不能代替武器的批判，物质力量只能用物质力量来摧毁，但是理论一经掌握群众，也会变成物质力量。理论只要说服人，就能掌握群众；而理论只要彻底，就能说服人。所谓彻底，就是抓住事物的根本。但人的根本就是人本身。"这一段经典论述，用密不透风的推导、雄浑有力的语句，环环相扣，层层递进，揭示了真理，震撼了人心，不由人不为之叹服。

在资本的统治下，"只有用被杀害者的头颅做酒杯才能喝下甜美的酒浆"。听上去让人毛骨悚然的一句话，却无以复加地揭示了资本的贪婪与凶狠。类似的天才表述，在我目之所及，比比皆是。

当我们还在为滴滴打车、百度推广愤愤不平，声讨它们草菅人命，反思新经济带来的新问题时，不妨回顾经典作家的经典论述。

"货币的力量多大，我的力量就多大……我是丑的，但我能给我买到最美的女人；我是一个邪恶的……可是货币，是受尊敬的，因此它的占有者也受尊敬；我是没有头脑的，但货币是万物的实际的头脑……"

"如果有10％的利润，它就保证到处被使用；有20％的利润，它就活跃起来；有50％的利润，它就铤而走险；为了100％的利润，它就敢践踏一切人间法律；有300％的利润，它就敢犯任何罪行，甚至冒绞首的危险。"

还有什么能比马克思引据的这些话，更能一针见血地揭示上述深层问题吗？

不得不说，经典著作之所以经典，就在于彼时能够振聋发聩，此时依然醍醐灌顶。用富有诗情的卓泽渊教授的话说，他们的目光，具有"穿越历史的深邃"。

3

工作中，我曾对编辑说，好的评论选题，应该具备三种特性：找准针对性、承认合理性、提出建设性。研读马恩著作，深感经典作家在这些方面做出了绝佳的垂范。

阮青教授导读《费尔巴哈论》时，条分缕析地解读了恩格斯如何运用缜密的逻辑，论证了黑格尔辩证法的合理内核和费尔巴哈哲学的唯物主义性质，同时又令人信服地指出二者的局限性，最终实现了扬弃。恩格斯没有预设主题，而是用黑格尔自己的逻辑，把他的"两个凡是"论断引向自己的反面。恩格斯也没有以高高在上的姿态指责费尔巴哈的局限，而是客观分析了这位哲学前辈难以跳出局限的原因。

撰写《费尔巴哈论》，适应当时思想斗争的需要，显然就是这篇论著的针对性；承认批判对象的合理性，既是客观论定，用现在的视角看，也符合传播和舆论引导规律；在这个基础上，再进一步建设性地系统阐述马克思主义哲学的基本原理，所有论述也就水到渠成。

带着工作中的经验总结，投入到研读中去，收获的是多倍的启示。

4

今天小组讨论，晓峰同学感慨，马列原著常学常新。起初看到的是雾锁楼台，再学就是轮廓依稀。我想，深入地学，也许我们也能收获拨云见日的感觉。惭愧的是，目前为止，我还远未达到那样的境界，还得继续学、好好学！

关键是，就算这样的浮皮潦草、囫囵吞枣，就已经感受到了经典作家的巨大魅力，倘若能进一步静下心来，钻进去，读出来，那时的感受又将如何？简直不敢想，又加倍地对伟人们崇敬之至！

哲学家只是用不同方式解释世界，问题在于改变世界。建峰同学在讨论时，援引一位师兄的话说："我们来这里，是进行理论武装的，不是进行理论包装的。"

讲得很有道理。

学习原著，不是为了对原文页码了如指掌，不是为了大段大段背诵原文，至少不能仅仅为了这些。如果理论的学习，不能用于武装头脑、指导实践，不能提升我们审视世界、分析问题、改进工作的能力，那就是把学习庸俗化、功利化、浅层化了。这样的学习，还不如不学。

历史虚无，不啻自掘坟墓

◎ 2018 年 9 月 20 日

1

罗平汉教授一口浓重的乡音，却要执着地解释他说的的确是普通话。举座皆惊，继而哄堂。最终，个性化的幽默风趣，拯救了他。

来自湖南安化的罗教授，操着他的"湘普话"，解读他的湘潭老乡干革命的历史，让整个讲座无形中生出很强的代入感。《朱毛红军与古田会议》里的历史纠葛和衍生意义，也因此有了生动的依托。

2

讲座谈了三个问题：一、朱毛红军的由来与红四军出击赣南闽西；二、关于临时军委的不同意见与中共红四军七大；三、"中央九月来信"与古田会议的召开。

讲座中，提及一些至今仍有争议的历史细节，罗教授特地没有给出自己的结论，只是一再提醒，对待历史人物和历史事件，需要还原到当时的历史情境和时代条件下去解读。

这很有必要，也是唯物史观的基本原理。

《在纪念毛泽东同志诞辰120周年座谈会上的讲话》中，习近平总书记特别指出："对历史人物的评价，应该放在其所处时代和社会的历史条件下去分析，不能离开对历史条件、历史过程的全面认识和对历史规律的科学把握，不能忽略历史必然性和历史偶然性的关系。不能把历史顺境中的成功简单归功于个人，也不能把历史逆境中的挫折简单归咎于个人。不能用今天的时代条件、发展水平、认识水平去衡量和要求前人，不能苛求前人干出只有后人才能干出的业绩来。"这段表述，既符合历史客观性，更具有现实针对性。

关于"朱毛之争"，其中缘由、发展脉络、具体细节，党史研究者从各自角度有不同的解读。但是无论如何解读，这当中，几位无产阶级政治家的高风亮节和大公无私是让人印象深刻的。

面对"朱毛之争"，周恩来收到毛泽东对"二月来信"的复信后，不仅没有和大多数人一样，认为毛泽东是在与中央对着干，反而认为毛泽东的批评不无道理。作为当时中共党内最高军事首脑，周恩来所表现出来的这种民主作风是非常难能可贵的。周恩来委托陈毅代中央执笔起草一封给红四军前委的指示信，即著名的"九月来信"。信中肯定了红四军建立以来所取得的成绩和经验，要求红四军前委和全体干部战士维护朱德、毛泽东的领导，明确指出毛泽东"应仍为前委书记"。并对朱德、毛泽东二人都作了恰当的批评，同时决定朱、毛两同志仍留前委工作。周恩来出色的调解能力在这场攸关中国革命前途的事件中，起到了化解和推动作用。

陈毅怀揣"九月来信"和周恩来代表党中央的口头指示回到红四军，看到毛泽东给红四军"八大"写的"打倒陈毅主义"的信时，不仅没有委屈抱怨,还诚恳地承认和检讨自己的错误。朱德也十分诚恳地表示:"过去的那些我收回,我们请他(毛泽东)回来。"并和陈毅联名给毛泽东写信,正式表达了他的诚意。

毛泽东对周恩来也非常佩服,在接到陈毅的信和中央指示后,顿时与朱德、陈毅冰释前嫌,伤病尚未痊愈就心情舒畅地来到前委所在地。随后,毛泽东欣然向中央报告:"我病已好,遵照中央指示,在前委工作。"毛泽东、朱德、陈毅三位战友,又把手紧紧地握在了一起。

总体而言,在整个过程中,毛泽东、朱德、陈毅以及其他领导人,展现出大局为重、团结为要的政治操守,彰显出襟怀坦荡、大公无私的人格魅力,给了我们许多启示、震撼与感慨。

讲座中,罗教授提出"历史的假设":如果当年毛泽东、朱德、陈毅在这场争论中,仅为个人的名誉地位考虑,为个人的权力着想,"朱毛之争"能否化解?朱毛红军结局如何?

罗教授又提出"现实的假设":大家可以想一想,在同样情境下,面对进退留转、名利得失,我们会怎么做?

这问题,像一把刀子!

3

历史就是这样,它是一面镜子,也是一把刀子,还是一把尺子!

据实研究历史,正确看待历史,历史就能赋予现实更多前进的动能;随意歪曲历史,错误解读历史,历史就会拖住现实的后腿,化解前进的动力,最终让现实早早作古、成为历史。近年来,社会上时常出现历史虚无主义论调,歪曲党史、国史、军史,诋毁英烈形象,干着亲痛仇快的勾当。

当然，从实事求是出发，对于裹挟其中的人群所存在的问题，也是要适当划分的。

一种是思想认识问题。我想，存在这类问题的人群应该占多数，以不明真相的群众为主。他们因为缺乏必要的历史知识和辨别能力，随波逐流，人云亦云。很多时候只是为了宣泄情绪，借题发挥，表达对现实问题的不满。客观地说，这一类问题属于人民内部矛盾，危害性相对有限，通过加强引导是可以解决的。

一种是学术方法问题。存在这类问题的人群由于没有运用辩证唯物主义和历史唯物主义的立场观点分析问题，脱离当时的历史情境和认知水平，以现代人的视角和能力解读历史问题，有时抓住一些所谓的历史细节和单个的史料，机械地、片面地解构，没有放在宏观背景和历史联系中分析。这其中，有的是因为学术占有不充分，有的是没有用马克思主义的立场而是以唯心史观作为分析工具，还有的则是语不惊人死不休、标新立异、哗众取宠。这一种情况，因为披着"学术外衣"，又常常直接面向受教育人群，危害性很大，应该加强管理，不能让错误言论以讹传讹、四处流布。

还有一种就是政治问题。境外敌对势力持续不断地搞渗透，这种渗透以抹黑和颠覆历史为重要内容，以舆论为主要载体。他们从东欧剧变中尝到了甜头，也增强了信心。从一些披露出来的案例看，境内也的确有他们的策应势力。经常利用一些所谓史料，以重新解读历史为名，瞒天过海，暗度陈仓，目的就是要颠覆党史、国史、军史，打击民族自豪感和凝聚力。这一类人有险恶的政治目的，必须及时加以揭示，给予严厉打击。

4

十年前，为了研究舆论失控对苏联解体的作用，我接触了一些史料，看完后触目惊心。

苏联舆论界把矛头对准社会主义制度，是从否定历史开始的。本来，反思过去，在总结历史经验的基础上进行改革是正确的。以戈尔巴乔夫为代表的苏共领导人在发出"不留有空白点"的号召后，对舆论不加引导，反思过去就变成了否定苏联革命历史、否定革命所造就的全部现实；批判斯大林和历任领导的错误以及体制的弊病，变成了否定共产党的领导和社会主义制度。

所谓的"公开性"和"民主化"，成了策动全苏联各种反对派大肆声讨苏共的总动员令。闸门一旦被打开，形形色色的反苏反社会主义的思潮便如洪水般奔涌而出。报刊大量刊登否定苏联历史的文章，苏共历史上的一些政治失误被严重歪曲和无限夸大，造成了老百姓对政府的普遍不满和国内民族矛盾的不断激化。

特别是报刊还大肆批判斯大林，对勃列日涅夫、赫鲁晓夫等领导人都持否定态度，甚至发展到连列宁也都成了批判的对象。这不仅让人们思想茫然、不知所措，而且使大家对带领苏联走到彼时、成为可以抗衡美国的世界超级大国的共产党产生了怀疑。

更有甚者，一些媒体还以耸人听闻的报道、荒诞无稽的假新闻，乃至针对苏共和社会主义的造谣、诽谤等来吸引读者。斯大林成了"恶魔"，列宁成了"无赖"，整个苏共和苏联的历史除了罪恶还是罪恶，十月革命和社会主义带来的只是灾难，而资本主义社会则成了人们心目中自由和富足的理想天堂。这些报道的大量涌现，蚕食着苏联人民的心理防线，苏联人民的民族自豪感受到沉重打击，对社会主义制度的优越性也产生了怀疑。

当主流舆论千百次地重复"苏共和苏联社会主义实践是失败的"，当各种媒体把党的领袖的形象抹得漆黑一团，当广大党员和人民群众把这些谎言和谬论误认为真理之后，执政党的威信也降到了零点。人们对共产党的领导是否正确、对社会主义制度是否优越都产生了怀疑，这让苏联人民的民族自信心和自豪感受到了沉重打击。

1991年12月25日，克里姆林宫上空的苏联红色国旗黯然降落，标志着苏联这个世界上第一个社会主义国家退出了世界政治舞台。作为一个曾经与美国平起平坐的超级大国，苏联在历经74年的风风雨雨后急剧走向毁灭。这个充满悲剧色彩的事件，令整个世界震惊。

有一点值得深思：在苏联这样一个群众接受多年马克思主义教育的国家里，明火执仗地进行资本主义意识形态宣传，必然会遭到群众的抵制和反对。但是，将资本主义意识形态隐藏在舆论背后，大搞历史虚无主义，情况就大不一样了。

千里之堤，溃于蚁穴。正是通过以历史虚无主义为主体的舆论渗透，大量反共反社会主义的舆论一点一滴、不动声色地蚕食，掏空了苏联意识形态大厦的根基，吸干了苏联国家舆论机体的血液，最终引发了社会舆论的分裂，加速了苏联演变的步伐。

殷鉴不远，发人深省。

5

启示是什么？罗教授的PPT（演示文稿）"启示"的后面是一串省略号。罗教授的"湘普话"带着韵律感："我讲了那么多，你们应该各自都有属于自己的启示。"然后大手一挥，"下课！"

掌声雷动！

法治中国，莫负好时光

◎ 2018 年 9 月 21 日

1

【好时光·做个法治郎】

法治尽显锋芒，势若潮，不可挡。地利人和民所愿，天意谁能抗？
思维法治化，做他个，法治郎。天地偏爱我，莫负好时光。

讲座开场，卓泽渊教授诵读这首词。如果拿块醒木，这就该叫定场诗。做诗、诵读，据说是卓教授的日常。同样乡音顽固，卓教授一开口，就让人深感之前错怪了罗教授。公平点说，罗教授的"湘普话"同卓教授的"渝普话"，难分伯仲，各有千秋。

诗性的开场，为整场讲座铺陈了诗意的底色。"当代世界法治与中国司法改革"这么严肃有余的话题，被卓教授讲得洋洋洒洒，不时还穿插着自拟的诗作。听众频频鼓掌叫好，教授屡屡起身还礼。不由感慨，真希望中国的法治环境也能如此，良性互动，相得益彰。

讲座包括三大部分：一、法治：当代世界的历史潮流；二、司法改革：世界法治的重大主题；三、司法改革：中国法治发展的重大主题。内容既有对欧美国家法治演进的溯源，也有包括中国在内的社会主义国家法治探索的回望；既有宏观法治进程的总体观照，也有"米兰达规则""德国夫妻告密案"这样的细节点拨；既有对国外司法改革的情况介绍，也有对中国法治发展的具体阐释。两个多小时，内容丰富，脉络清晰，张弛有度。

2

此前，著名法学家徐显明教授应邀来党校作形势报告，系统梳理了党的十八大以来，中央对全面依法治国的决策部署。如果说卓教授的讲座更像是法治建设的大写意，徐教授的报告则可以称得上是党的十八大以来中国法治进程的工笔画。

徐教授报告中提到一个命题：党大还是法大？

徐教授认为，这是个大问题，但却是个彻彻底底的伪命题。所谓"党大还是法大"，实质上设置了一个"两头堵"的诡辩框架，不论怎么回答，都会陷入预设的逻辑陷阱：你回答党比法大，他就说你是个人治国；你回答法比党大，他就说那咱们整个法律来约束党的活动吧。

徐教授进一步指出，中国共产党是一个政治集团，法律是一套规范体系，把这两个分属不同范畴的概念放在一起比较，不是学术糊涂，就是别有用心。真正需要关注的命题，应该是"权大还是法大"，这也正是全面依法治国需要解决好的重大现实问题。

这给我们一个启示：一些似是而非却能蛊惑人心的命题，拨开它诡辩的外衣，内里不过是"关公战秦琼"式的逻辑。

3

　　全面依法治国，是"四个全面"战略布局的重要组成部分。党的十八大以来，在习近平总书记的领导下，召开了党的历史上第一次以依法治国为主题的中共中央全会，提出坚持中国特色社会主义法治道路、党的领导是社会主义法治最本质的特征、建设社会主义法治体系等一系列新理念和新思想，开创了中国特色社会主义法治的新时代。

　　党的十九大作出中国特色社会主义进入新时代的重大判断，党和国家各项事业发展处在新的历史起点上。实现"两个一百年"奋斗目标、实现中华民族伟大复兴的中国梦，必须依靠法治的力量，发挥法治的引领和保障作用。说到底，就是要深化全面依法治国实践。

　　新时代全面依法治国最大的背景是什么？最高人民检察院检察长张军同志在一次形势与任务报告会中指出：我国社会主要矛盾已经转化为人民日益增长的美好生活需要和不平衡不充分的发展之间的矛盾，人民群众在民主、法治、公平、正义、安全、环境等方面的要求日益增长。这是一个关系全局的历史性变化，对整个党和国家工作大局都提出了许多新的、完全不同的要求。

　　改革开放40年来，我们已经很好地解决了"有没有"的问题。照常理，人民群众应该很满意、很高兴了，社会治理应该更容易了。是这样吗？不完全是！在一些地方、一些时候、一些领域，社会矛盾往往更尖锐、更复杂。究竟是为什么？

　　张检察长说，其实道理很简单，这就是"仓廪实而知礼节，衣食足而知荣辱"。因为民生问题基本解决，人民群众开始关注更高层次的"民需"。人们不仅希望吃饱、穿暖、住好，而且期待食品更安全、生态更美好、服务更均等、社会更和谐；不仅希望人身权、财产权不受侵犯，而且期待个人尊严、情感得到更多尊重，人格权得到更有效保护；不仅注重现实安全，而且期待未来十年、五十年的长远安宁；不仅关心个人权益，而且更加注重参政问政，更加关注社会问题，主动替那些弱势群体鼓与呼！不断满足社会发展、人民群众新的需求，恰是我们竭诚履职尽责的永恒动力。

4

对中国人来说，一个法治的社会，究竟意味着什么？

意味着按规则、按程序办事越来越成为常态。有人说，中国是一个讲究人情与关系的社会，是一个办事需要"求人"的社会。办理解决户口、安排工作、申请指标、落实政策等这些事务，如果没有关系、没有门路，只是按规则、按程序一步步来，常常是磨破嘴皮跑断腿，今天被打太极，明天被当球踢。倘若按照既定规则和程序很快得以受理解决，本应是再正常不过的事情，却也常常被别人认为是有路子、走后门。从这个意义上说，法治实际是通过程序正义维护社会个体平等权利的途径。

意味着公民的权利与财产能得到更多的保护。今天，随着中国人自由与权利意识的提高，随着普通中国人财富聚集的加速，整个中国社会日益内生出一种对法治社会的强烈向往。越来越多的中国人意识到，没有法治的保障，各个阶层的社会成员都会产生强烈的焦虑感、不安全感和不稳定感。只有在法治阳光的照耀下，人民才可能有实实在在的安全感，进而提升实现自我价值、创造社会财富的自信心。这对凝聚全国人民的力量实现中国梦，具有特别重大的意义。

中央党校封教丽霞授在讲课中指出，中国自古就有人情大于法、权大于法的法文化传统。社会成员的法治观念、依法办事的意识与习惯养成等法治文化因素，从根本上决定了法治建设的成败。法治要在国家治理过程中发挥主导性作用，需要全社会形成守法光荣、违法可耻的社会氛围，需要尊法守法成为全体人民共同追求和自觉行动。

党的十九大报告首次提出"建设社会主义法治文化"的要求。深化依法治国实践，必须把法治教育纳入精神文明创建内容、纳入国民教育体系。加强社会诚信建设，弘扬公序良俗，强化规则意识，倡导契约精神。只有培育从社会管理者到普通公民的法律意识和法律观念，才能为建设法治社会打下坚实的思想基础。

封教授认为，西方的社会治理靠法律＋宗教，中国的社会治理靠法律＋伦理道德。法律禁止做有害他人的事，道德鼓励做有益他人的事。我们已经进入陌生人社会，尤须依靠法治。

封教授还认为，任何一个国家，法律都不可能解决所有问题。

5

想起另一段学习经历。2017 年 4 月，按照组织部门安排，我到中国人民大学参加"法治中国建设"专题培训班的"选学"。课间曾问冯玉军教授一个问题：法律应该保护守法者还是弱者？

这个问题的缘起，是数年前曾有一个开着奥拓车的司机在北京市二环路上与一个行人发生碰撞。印象中，这位司机被裁定赔付价值若干辆奥拓车的钱，几近倾家荡产。二环路属于封闭式道路，连非机动车都不许上，行人更不应该擅自进入，发生事故却让正常行驶的司机承担全部责任，令人难以接受。

有学者指出，弱者应当受到法律的保护，行人、非机动车驾驶人相对机动车驾驶人就是弱者，所以法律应当偏重于保护他们。这听上去挺有道理。但是，也就牵扯出我向教授发出疑问：法律应该保护的，是弱者，还是守法者？

我以为，"弱势群体"同"强势群体"相比，自我保护能力相对孱弱，法律要为其编织起权利维护的坚固屏障。所以，法律规定了责任年龄、行为能力等作为一个人承担法律责任或减轻法律责任的条件。这一点，我举双手赞成。

　　但是，当违法的"弱者"遭遇守法的"强者"，法律站哪一边？窃以为，法律的天平上，只应有合法与非法的权衡；法制的框架内，只应有守法与违法的区分。对于"弱者"违法，法律依照具体情节，作出从轻、减轻裁决，无可厚非。只是，对于同一事件中，守法的另一方，比如撞上闯红灯行人的司机，因为他是"强者"，即便对方全责，也要进行赔偿，法律的良心会不会痛？

　　窃以为，这样的规定和裁决，往小了说，是不是得对马路上各种肆意违章现象负点责任，是不是也刺激了一些职业"碰瓷者"的胆大妄为？往大了说，这让遵纪守法者的法制观念何处安放，让法治精神如何落地生根？

　　冯教授回答说，强者与弱者，守法者与违法者，它们分处不同的维度；当需要解决效率问题的时候，我们需要区分守法者和违法者，违法者破坏了契约和规则，也就降低了效率；当需要解决公正问题的时候，我们需要区分强者与弱者，不考虑二者之间的实际差异，追求公平并不能抵达公正。

　　冯教授又说，交通安全法是全国人大通过的全国性法律，要管北京这样的大城市，也要管老少边穷地区；全国人大要统筹全国14亿人的总体利益和权利平衡，它需要考虑"知识精英"关于法治精神培养的焦虑，也要考虑农村人口可能连基本的安全常识都不甚了解的现实。

　　冯教授最后的话和封教授异曲同工：不要指望法律解决所有问题，法律最终也无法解决公正问题……

6

关于法律应该保护守法者还是弱者的问题，封教授的态度倒是很明确。她认为，"弱势群体"同样具有守法义务，法律应当保护守法者，而不是保护所谓道义上的"弱势群体"。李伟同学是全国审判专家，理论和实务兼具，我课间跟她讨论这个问题，她也认为，强者和弱者的裁量尺度弹性太大，缺乏刚性，不好处理。以事实为依据，以法律为准绳，更具有操作性。

卓教授在讲座中引述了"昆山反杀案"。2018 年 8 月 27 日晚，刘海龙驾驶宝马轿车在昆山市震川路西行至顺帆路路口，与同向骑自行车的于海明发生争执。刘海龙从车中取出一把砍刀连续击打于海明，后被于海明反抢砍刀并捅刺、砍击数刀，刘海龙身受重伤，经抢救无效死亡。9 月 1 日，昆山市公安机关以于海明的行为属于正当防卫、不负刑事责任为由对该案作出撤销案件决定。

这个案件的舆情发酵过程中，学界和舆论也有关于弱者和守法者的讨论。有学者表达的观点像是教科书式的解读，但与舆论的总体倾向和情理差距很大。这恰恰反映了法治问题的复杂性。最终，法律的裁决，彰显了法治的价值，也契合了公众的普遍认知。

在讲座中，卓教授还提及"张扣扣案"。从法治角度看，这个案件留有若干遗憾和难题。由此看来，法治可能的确难以解决所有问题，尽管它可能是社会治理的最佳方式。这听上去很是沉重。沉重也许恰恰因为它击中了现实的泪点。

好在，卓教授是个激情澎湃的学者，他在讲座最后，献上一首诗，让我们得以从无奈中触摸法治的亮色。

> 公正神圣掩尊颜，深陷重围相见难。
>
> 犹围旧习形若狱，更因体制固如磐。

千呼司法黎民望，万唤公平獬豸还。

妙笔点睛能入梦，化作龙跃九州间。

"让我们为法治中国努力，让我们衷心祝愿中国的司法体制改革顺利成功！"卓教授说。

有些"锅"，媒体背不动

◎ 2018 年 9 月 25 日

1

开学第一天，在秋季学期教学引言中，王东京副校长以曾经作为党校学员的角度，谈了他认为的"好课"三条标准：第一，我没想到的，老师讲到了；第二，我想到了，老师讲完后发现我想的并不对；第三，我想到了也想对了，但不知道如何论证和表达，老师讲完，茅塞顿开。

按照这三条标准，周教授的讲座，是堂"好课"。

周海宏，中央音乐学院的博导，应邀来党校做了讲座：《走进音乐的世界——兼谈艺术对人生幸福与事业成功的重要性》。学完收获良多，当然也有些"扎心"。

先说收获。讲座开宗明义：课程要达到的目的有三个——掌握音乐美学的核心原理、认识音乐艺术的本质功能、揭示艺术不可或缺的意义。讲座的最大的功效，是燃起了学员们——特别是对严肃音乐望而生畏、敬而远之的学员欣赏音乐的热情，许多人都跃跃欲试。

周教授说，音乐没有那么高深，不要怕"听不懂"；音乐也没有标准答案，不要怕"理解错误"。只需要放松地听、尽情地想，每个人都能领略音乐的魅力。学完才知道，周教授并不想止步于此，通过大量案例，他亮出了最核心的观点：缺少感性素质的人幸福少，缺少感性素质的人成功难，缺少感性素质的人破坏大！中国富起来、强起来后，还要让中国美起来！

再说"扎心"。周教授认为：经典音乐听众少，与媒体对音乐审美方式的误导有关！作为媒体人，听罢难免不如坐针毡！

对于媒体的批评，实质上，是对于新闻舆论的批评。周教授是音乐美学家、音乐心理学家、教育学家，长年从事音乐审美与教育心理学的研究与教学工作，他说出这样的话，一定有他的道理。但是，这话也有值得商榷之处，而且是个共性问题。

2

曾经的辜胜阻教授，现在的辜副主席，久负盛名。也许是早年当老师的底子，两个多小时的报告，这位六十开外的老人全程站立。

报告包括四个部分：新发展理念的经济学观察，创新发展的形势分析，创新发展模式与政府创新职能，企业创新转型与企业家精神。整场报告资料翔实，但辜主席语速惊人，笔记是来不及记的，索性只认真听。

介绍纲目时，辜主席说，接下来会专门谈谈当前我国创新发展的形势，如何看待我国创新能力的强弱。出于媒体人的敏感，听到此处，未免一震：难不成今天的报告，也会像有些同志那样，捎带批一批媒体，反思反思"厉害了我的国"？

竟然没有！

果然没有！

辜主席客观地介绍了相关情况，丝毫没有要把中美贸易战这样的大"锅"，顺手甩给媒体的意思。眼界、格局，决定了这一切。这完全符合辜主席的人设！

3

几个月前，中美贸易战骤起，各种研判和反思文章此起彼伏。其中一种论调比较显眼：媒体宣传被视为这场贸易摩擦的始作俑者。一些论者言之凿凿，声称都是《厉害了我的国》之类的宣传亮明了我们的底牌，引起了美国的警惕，惹恼了那位爱玩推特的总统，从而发动了这场贸易战。

针对这个问题，我有几点疑问：

第一，像中国这样的超大经济体，主要通过自己的努力，加上时代赋予的历史机遇，取得了举世瞩目的辉煌成就，够不够厉害？

第二，近代以来，中国这个的曾经的"老大帝国"备受列强凌辱，当充满历史悲情的中国百姓目睹中国今天取得的辉煌成就，赞一句"厉害了"，有没有错？

第三，反过来说，中国这样一头"大象"，躲在灌木丛中，跟世界说"我一点不厉害，你们别看我"，世界信不信，美国信不信？

第四，把美国决策者的判断力降到了幼儿园级别，仿佛他们如梦初醒，做事毫无章法，正惶惶不可终日地感受来自东方的威胁，到底是谁糊涂？

第五，事实是第一性的，舆论是第二性的。媒体报道"辉煌成就"这个事实以及由此衍生的社会心理，有没有错，该不该背锅？

第六，一直都说国际舆论格局"西强我弱"，怎么我们讲了那么多中国故事，西方没反应，我们一说"厉害了"，西方立刻就听到了。你们眼里，我们的传播能力到底是强还是弱？

恩格斯说，"思维对存在、精神对自然界的关系问题，全部哲学的最高问题……其根源在于蒙昧时代的狭隘而愚昧的观念。"放到媒体身上，问题的实质就是：事实是第一性的，报道是第二性的；先有事实，才有报道；报道会对事实产生反作用力，影响事实演进，但没法无中生有、生造事实。

中美贸易战是各种深层次因素交织缠绕的现实问题，把媒体说成是"罪魁祸首"，看上去挺像赌博输红了眼，想不通为什么手气这么差，转脸就去抱怨旁边正在看书的人——"怪不得老是输，原来是你在看书"。但是这种说法，挺能迎合某种偷懒的思维方式，所以，又有必要去说一说。

马克思说过，"一切历史冲突都根源于生产力和交往形式之间的矛盾"。关于中美贸易摩擦，有人用四句话概括：表象是贸易之争，背后是产业之争，核心是利益之争，实质是道义之争。这样说，站得住！

窃以为，中美各自发展到今天，力量对比此消彼长，有没有特朗普，中美之间的剧烈摩擦迟早都要来。只不过这次出来挑事的，是商人特朗普，所以这场摩擦会首先以贸易战的形式发难。由于特朗普的个人因素，这场摩擦的烈度和速度会更具有个性化特征，但它改变不了实质，左右不了大趋势。

换个思路去想，这种真刀真枪的干，可能比希拉里这样的政客上台，暗地里使阴招来得更爽快些。

这个问题现在已经无须再讨论。国务院新闻办公室24日发表了《关于中美经贸摩擦的事实与中方立场》白皮书，澄清了中美经贸关系事实，阐明了中国对中美经贸摩擦的政策立场，力求推动问题合理解决。从媒体角度看，也算是给舆论厘清了责任。

跑题了。问题的核心是，由于媒体宣传，导致了中美贸易战，这个"锅"让媒体背，媒体真是"载不动许多愁"，说句"臣妾做不到啊"，恐怕也不只是卖萌式的反讽！换句话说，如果媒体的宣传就能挑起中美贸易战，这也太"抬举"媒体了。真若如此，那世界和平的事，也交给媒体顺手干了得了！

媒体报道，是对社会现实的反映。"思想、观念、意识的生产最初是直接与人们的物质活动，与人们的物质交往，与现实生活的语言交织在一起的。"社会浮躁也好，世风日下也罢，包括股市暴涨暴跌，媒体如实反映了，你不能说是媒体惹的祸，更应该梳理这背后的文化传统、社会心理和现实成因。

正是在这个层面上说，我觉得周教授"经典音乐听众少，与媒体对音乐审美方式的误导有关"的说法，是值得商榷的。

这绝不是说媒体就没有责任。真实，是媒体传递信息的第一法则。如果媒体将事实渲染、夸大、进一步激化甚至歪曲了，那就必须从舆论对社会现实的反作用力出发，检讨媒体，反思舆论。社会的浮躁情绪不是媒体滋生的，但是媒体却可能对此"过度包装"；社会的不良倾向也不是媒体造成的，但是媒体也可能为此推波助澜。

个人认为，媒体的使命在于——社会悲伤时，告诉她不要绝望；社会喜悦时，告诉她不要癫狂。

提醒媒体应当冷静、理性、客观，这是对的，尽管做到这一点的确很难，毕竟媒体是由媒体人运行的，是人就有认知局限和情感偏向。但是切不可本末倒置，把社会存在层面的问题，归咎于媒体。

4

从另一个角度看，媒体之于社会的责任实在太大，之所以频遭指责，也有它的道理，正所谓爱之深、责之切。

其一，媒体负责为社会还原高保真的外部世界。人的感知是有局限的，如果不借助传播媒介，人的世界就是耳之所闻、目之所见的狭小空间。文字、书籍直至大众媒体的出现，延伸了人的听力、视力，让人们得以获知来自远方的诗意与信息。这个过程中，媒体的作用举足轻重。能不能通过一件件个体信息的累积，为公众还原出真实的特别是本质真实的外部世界，而不是畸轻畸重、似是而非、像哈哈镜似的拟态空间，考验着媒体的能力和智慧。这是公众对媒体的期待，媒体如果带偏了节奏，遭点埋怨，真不算啥！

其二，媒体负责为社会提供建设性的舆论监督。媒体被称为"第四权力""社会公器"，在这个问题上，中西方的理解是不同的。有一点，应该有共识，那就是媒体是可以作为一种监督的力量，在社会的权力系统中予以制衡的。制衡的支点，是民意。也就是说，媒体的舆论监督职能，是公众以集体的意志对媒体的赋权。公众是授权者，媒体是受让方，公众对媒体提出批评，也完全有权利、有底气。

这两项职责，在社会分工当中，恐怕只能由媒体去做。天降大任于媒体，遭遇批评不算什么，毕竟也有不少做得不尽如人意的地方。毛主席说，有则改之，无则加勉。多听听批评意见，不是坏事。习近平总书记多次强调，要以刀刃向内的勇气向党内顽瘴痼疾开刀，体现了我们党自我革命的决心和意志。作为党和人民的喉舌，媒体也必须要有这样的勇气。

分寸在于，无论批评还是自我批评，都要实事求是。离开这一点，拿来批人，就是舆论暴力；拿来律己，不啻掩耳自欺。

5

每个行业，每个岗位，都不只有光荣与梦想，都必定会有委屈与辛酸，二者有机组成，难以割裂。媒体听不进去批评，是矫情；媒体什么批评都照单全收，则是自戕。

　　其他行当，其实也是这样。

他的著作，改变了世界

◎ 2018 年 9 月 26 日

1

今天，开始"毛泽东思想"研习单元。从艰深晦涩的马列原著，转入曾经濡染多年的话语体系，没了文化的隔膜、语言的障碍，学习依然不轻松，但会更亲切。

李伟同学昨天运动时崴了脚，医嘱一周内不要下楼，今天也来了。有同学打趣，这全靠理论的力量！

向李伟同学学习！我们都是毛主席的好学生！

2

卢毅教授从毛泽东思想的科学内涵（定义）、毛泽东思想的理论体系（内容）、毛泽东思想的历史地位（评价）三个层面，论述了"毛泽东思想的科学体系和历史地位"。这个框架，中规中矩，但是其中不乏宏大视野的观照。例如，从马克思主义发展史、中国共产党指导思想发展史、中华民族思想发展史这三个维度，审视毛泽东思想的历史地位和世界影响。这突破了我自己以往学习的格局和眼界，也让自己对毛主席的敬重，有了更为广博、更为坚实的支点。

卢教授引用了两位美国前总统对毛主席的评价。

尼克松说："主席的著作推动了一个民族，改变了整个世界。"

福特说："在任何时代，成为历史伟人的人是很少的，毛主席是其中的一位。他的著作给人类文化留下了深刻的印记，他的确是我们时代的一位杰出人物。"

伟大的人生不需要刻意注解！但是，对手的钦佩，可以从一个侧面，映衬伟人的光辉！

9月9日，毛主席忌日，在党校《我们的老校长》雕像前，有人敬献了鲜花；9月24日，中秋节，有人在主席铜像的基座上，摆放了几块月饼。

人民的惦念，是对伟人最大的敬意。

3

毛泽东思想是马克思列宁主义在中国的运用和发展，是被实践证明了的关于中国革命和建设的正确的理论原则和经验总结，是中国共产党集体智慧的结晶。这三句话，是对历史和现实的总结，经得住学理和实践的检验。

卢教授设问：既然毛泽东晚年犯过错误，那为什么毛泽东思想都是正确的呢？而且一个人的思想肯定既有正确的，也有错误的，怎么毛泽东思想都是正确的，没有错误呢？

这个问题，具有很大的代表性。其实，只要出以公心，具备基本的解读和思辨能力，都能明白——毛泽东思想≠毛泽东的思想。我们党在中国革命和建设的过程中，积累了一系列正确的理论原则和经验总结，这当中，凝结了大量毛泽东个人的智慧，也包括全党同志的集体智慧。当我们需要把这些理论原则和经验总结上升为党的指导思想时，总要以某种方式对其命名。毛泽东是其主要创立者，也是贡献最大者，以他的名字命名，理所当然，当之无愧！

这同马克思主义≠马克思的主义是一个道理。马克思和恩格斯共同创立了马克思主义，但是最终却以马克思的名字命名。恩格斯曾经对此作过说明："我在一定程度上独立地参加了这一理论的创立，特别是对这一理论的阐发。但是，绝大部分基本指导思想（特别是在经济和历史领域内），尤其是对这些指导思想的最后的明确的表述，都是属于马克思的。……没有马克思，我们的理论远不会是现在这个样子。所以，这个理论用他的名字命名是理所当然的。"这彰显了恩格斯伟大的人格和广阔的胸襟，也反映了同毛泽东思想一致的命名逻辑。

另一方面，不论是毛泽东个人还是全党，在探索和成长过程中，都难免犯错误。毛泽东在晚年特别是在"文化大革命"中犯了严重错误，我们党对此并不讳言。当我们需要把以往的理论原则和经验总结上升为党的指导思想时，自然不能包括这些错误的东西。也就是说，被理论化、系统化的"毛泽东思想"，本身就是被实践检验过的、正确的东西，它先天就不包含毛泽东个人以及全党在革命和建设时期的错误的东西。

这就好比把一副围棋中的白子单独拣出来放进容器里，然后说这个容器里的棋子都是白的。这个比方不一定恰当，但是用来说明"毛泽东思想"都是正确的，也有通俗的功用。

其实问题原本并不复杂，但有人诚心把它复杂化，就其心可诛了。同样的例子——有人经常自鸣得意地发问："马克思就是西方人，既然要防止西方意识形态的侵袭，那是不是也要反对马克思主义？"

这个问题真的很浅薄！一般人如果被这个问题的表象绕晕了，情有可原。但一些"学者"，也跟着"抖机灵"，就真是把无聊当有趣了。按照他们颇为自负的"学识"，当然知道所谓的"西方意识形态"与其说是个地域性概念，不如说是个政治性概念。从马克思是西方人这个逻辑起点出发，生硬地将西方意识形态同马克思主义这两个不相容关系的范畴故意搞成包含关系混为一谈，如果不是揣着明白装糊涂，这种浅陋的诡辩术背后是何居心，大家心知肚明。

4

谈及毛泽东思想中的"思想政治工作和文化工作"，卢教授介绍了敌我双方对这个问题的看法。身为媒体人，对这段讲述听得尤为认真。

毛主席《在延安文艺座谈会上的讲话》中说："我们要战胜敌人，首先要依靠手里拿枪的军队。但是仅仅有这种军队是不够的，我们还要有文化的军队，这是团结自己、战胜敌人必不可少的一支军队。"

与之相对应，蒋介石对此的反思是，中共及其领导下的人民军队，"之所以有今日的发展和胜利，他主要的是要归功于他们的军队政治工作。"《在蒋介石身边八年——侍从室高级幕僚唐纵日记》中则言有戚戚焉："异党在野，办文化宣传的人，都是最优秀的人才。本党在朝，优秀的人都做了官。"

闻之欣然，继而感叹。

毛主席是伟大的无产阶级革命家、战略家、理论家，作为党的第一代领导集体的核心，毛主席在革命和建设的各个时期都十分重视舆论工作。他曾经为了写论文，检索过很多资料。

早在1918年10月，在北大图书馆当管理员时，毛泽东就参加了北京大学新闻学研究会组织的首期培训班。这期间，他从徐宝璜、邵飘萍两位老师的授课中学到了许多新闻理论和实践方面的知识。特别是徐宝璜讲的报纸"善用为福，滥用为祸"的巨大的舆论功能，更是给他留下了很深的印象，成为他后来运用报刊组织舆论的依据。

一年后，毛泽东回到自己的家乡湖南长沙创办了《湘江评论》，从此开始了自己的革命报刊活动实践。在长期的舆论工作实践中，毛泽东十分重视通过新闻舆论来宣传群众、教育群众、组织群众。抗日战争时期，他说，党的领导人"应该把报纸拿在自己手里，作为组织一切工作的一个武器，反映政治、军事、经济又指导政治、军事、经济的一个武器，组织群众和教育群众的一个武器"。

解放战争期间，他指出："报纸的作用和力量，就在它能使党的纲领路线，方针政策，工作任务和工作方法，最迅速最广泛地同群众见面。""办好报纸，把报纸办得引人入胜，在报纸上正确地宣传党的方针政策，通过报纸加强党和群众的联系，这是党的工作中的一项不可小看的、有重大原则意义的问题。""各地党报必须无条件地宣传中央的路线和政策。"

1949年，随着党的中心任务由革命战争转向恢复和发展生产，毛泽东及时指出，通讯社、报纸、广播电台的工作，是"围绕着生产建设这一个中心工作并为这个中心工作服务的"。

5

一个多月前，全国宣传思想工作会议在北京召开，习近平总书记发表重要讲话。总书记指出，中国特色社会主义进入新时代，必须把统一思想、凝聚力量作为宣传思想工作的中心环节。

重视宣传工作，是从以毛泽东同志为核心的党的第一代领导集体沿袭下来的优良传统，宣传工作在革命、建设和改革开放的各个时期也发挥了实实在在的作用。总书记讲话的思想内核与这个传统一脉相承，又赋予了时代特征。梳理一下当初为什么出发，也许才能理解今天向哪里使劲，搞清明天该如何抵达！

学习"两论"，指导"两论"

◎ 2018 年 9 月 27 日

1

前一个"两论"，是指毛主席的《实践论》和《矛盾论》。这是毛泽东哲学思想形成和发展的奠基之作，被誉为思想史上的哲学明珠。正是在"两论"精神指引下，我们党确立了实事求是的思想路线，取得了革命、建设和改革开放各个时期一个又一个胜利。

后一个"两论"，是指党的理论和舆论工作。这是党的宣传思想工作的两大组成部分，要说我们党的宣传思想工作是靠这"两论"起家的，一点也不为过。在各个历史时期，党的理论和舆论工作，对于武装头脑、指导实践，对于鼓舞士气、统一思想，起到了特别重要的作用。

前一个"两论"，此前多次翻阅，这次在王教授的导读下进一步研读，又有新的体会。后一个"两论"，与我的职业生涯紧密相连，舆论工作七年有余，理论工作整整十载，离开故乡后的职业谱系，就在这两个领域绵延至今。

2

之前认真读过"两论",听完王晓林教授的导读,又有一些新的理解。课后,通过邮件向王教授请教。

您在讲稿中提及"两论"的理论价值和实践价值,指出"两论"赋予马克思主义哲学以中国文化的民族形式,实现了马克思主义哲学和中国传统优秀文化的第一次伟大结合。那么第一,您所言及的民族形式赋予,是指中国传统文化的思想理念、表达方式还是思维模式的赋予,或者说是这些方面的综合赋予,具体如何理解?第二,这种赋予,对于马克思主义中国化有什么值得总结的经验和启示?第三,在"第一次伟大结合"之后,还有没有什么成果可以称得上第二次、第三次的伟大结合?

王教授很认真,以一篇小型论文回复了我,择要如下。

关于马克思主义哲学与中国优秀传统文化(哲学)相结合的问题,是我们从哲学层面学习和研究毛泽东思想不可回避的一个重大理论课题。

对于这个问题,主席在《实践论》中引用有斯大林的一个观点值得我们重视:"理论若不和革命实践联系起来,就会变成无对象的理论,同样,实践若不以革命理论为指南,就会变成盲目的实践。"

由此检视,探讨马克思主义哲学与中国优秀传统文化(哲学)相结合的问题,我觉得一个基本的视角就是不能离开中国革命、建设和改革的伟大实践,对马克思主义哲学和中国传统哲学抽象地作比较、论长短、发议论。从中国革命的实践进程看,在"两论"诞生之前,靠教条主义的马克思主义不能解决中国革命问题。同样地,靠没有被马克思主义化的中国传统哲学也不能解决中国革命问题。这就是主席当年面对的难题!

从"两论"的成功经验看，所谓"马克思主义哲学与中国优秀传统文化（哲学）相结合"至少应该包括这样几个方面：（1）必须坚持（学习、宣传、运用）马克思主义哲学，因为只有这一哲学才能为中国革命提供正确的世界观和方法论。（2）必须反对教条主义地对待马克思主义哲学，推动马克思主义哲学中国化。为此，就必须善于从中国传统哲学中汲取有益的思想资源（如对中国传统哲学中与马克思主义哲学相通、相似的内容的吸取和发挥，对中国哲学特有而马克思主义哲学鲜有论及甚至没有论及的合理思想、命题和概念的吸取和改造等）。（3）必须用马克思主义哲学改造中国传统哲学，推动中国传统哲学现代化（时代化）。

在我看来，马克思主义哲学与中国传统优秀文化（哲学）相结合是一项艰巨而伟大的工程，是一个长期的历史过程。在这一过程中，会有一些阶段性飞跃。"两论"所实现的"第一次伟大结合"，就是一次阶段性飞跃。

《实践论》赋予马克思主义认识论以中华民族的形式，为马克思主义认识论在中国的发展找到了新的生长点。《矛盾论》赋予马克思主义辩证法以"中西合璧的矛盾辩证法"的民族形式，使之在中国文化土壤中找到了坚实的生长点而获得广泛传播和发展。

"两论"所实现的这种结合，既是表现形式上的更是内容上的，它从根本上坚持了马克思主义的世界观和方法论，而又有所前进，为解决中国革命面临的重大时代课题提供了正确的思想武器。

党校老师的水平与认真，再次令我感奋。

当"两论"遇上"两论"，生出几点体会。

3

舆论是感性的理论，理论是理性的舆论。

舆论总能敏锐地捕捉社会生活中那些苗头性、倾向性的现象和问题，引发人们思考，给人们以警示和启迪，为理论提供素材、打开思路、拓宽眼界。

我们常常发现，对各类层出不穷的社会现象、社会问题、社会事件，几乎都是由舆论率先反映出来的。舆论常常等不及理性的思索，它对社会存在的反映最为直接、迅速、广泛，较之于理论，舆论反映更快、评价更早、影响更广。

但是，如《实践论》所言，感觉到了的东西，我们不能立刻理解它，只有理解了的东西才更深刻地感觉它。感觉只解决现象问题，理论才解决本质问题。

理论虽然显得老成持重，常常踱着方步而来，但是它对社会存在的理解更为深入、更为系统、更为缜密。它通过对舆论进行十六字诀处理，即"去粗取精、去伪存真、由此及彼、由表及里"，经过梳理、过滤、提纯和总结，将舆论提供的丰富的感性材料，加工成理性思考，沉淀为社会意识。

对舆论而言，理论也是很仁义的。所谓卿若不负我，我必不负卿。理论反哺舆论，积极为舆论提供思想范式、学术工具和分析框架，让舆论不再粗鄙，而是也能有条有理、有根有据地反映现实、解读现实、推动现实。

这样循环往复，其实就是认识发展过程的直接再现。王教授说，没有哲学指导，就是盲目的实践。这句话用来解读理论和舆论的关系，也可以说，没有理论指导，就是盲目的舆论。

4

理论不能削足适履，舆论切莫"眼见为实"。

王晓林教授在讲稿中说，处理感性认识和理性认识的关系时，要防止两种倾向：一是过分强调感性认识的可靠性而忽视理性认识的作用；二是过分强调理性认识的可靠性而轻视感性认识。王教授提醒，长期搞实际工作而较少接触理论的同志要特别注意前者，长期搞理论工作而较少接触实际的人要特别注意后者。

这个提醒很有现实意义。就舆论工作而言，如果只是简单化、情绪化、表层化地观察现实、报道现实、解读现实，教条式地信奉"新闻专业主义"，眼见为实，有闻必录，而不能从社会全局视角，从时代发展高度，做理性思考，就很容易陷入"经验论"的窠臼。

就理论工作而言，也不能抱着本本，用教科书上的一二三四，到现实中按图索骥。更有甚者，如果现实不同于既有理论，不去反思理论是否需要更新，或是干脆是否适用，而是粗暴批评实践走的路子不对，大有逼着实践削足适履的架势。常见的例子是，一些学者用西方政治学、经济学的理论模型来套中国实践，遇到解释不通、解释不了的时候，就会对中国的鲜活实践横加指责。

《实践论》说，理性的东西之所以靠得住，正是由于它来源于感性，否则理性的东西就成了无源之水，无本之木，而只是主观自生的靠不住的东西了。那些喜欢削足适履的人，应该好好再读读这部名篇。

5

不管是舆论还是理论，都要学会抓住主要矛盾。

毛主席在《星星之火，可以燎原》里说，我们看事情必须要看它的实质，而把它的现象只看作入门的向导，一进门就要抓住它的实质，这才是可靠的科学的分析方法。

抓住事物的实质，窃以为，关键要抓住它的主要矛盾以及矛盾的主要方面。事物内含的主要矛盾，决定事物的性质、发展的阶段和未来的走向。抓住了主要矛盾，也就抓住了事物的根本。

舆论的职责之一，是为人们还原尽可能真实的外部世界。如果在反映社会现实时，抓不住主要矛盾，把焦点对准一些鸡毛蒜皮，它就很容易扭曲人们对外部世界的认知，让人们误以为一些并不能反映真实世界本质特征的东西，就是世界本身。马克思主义新闻观强调"本质真实"，就是这个意思。毛主席在《矛盾论》里也批评了那种"只看见局部，不看见全体，只看见树木，不看见森林"的片面性。

理论研究，也是一样的道理。

不论是舆论还是理论，不是不可以反映和分析次要矛盾，增进对次要矛盾的认识，也可以推动主要矛盾的解决。但是，不应该把主要精力用来聚焦次要矛盾，它不仅会带偏了方向，也会过度地消耗精力。

比方说，前些天闹得沸沸扬扬的中国游客被瑞典警察丢弃坟场事件。在这个问题上，舆论有分歧，有人批评瑞典警察罔顾中国游客人权，有人指责中国游客"闹"出国门实在丢脸。从目前披露的情况看，这两种意见都有道理。问题是，其中什么是主要矛盾，什么是次要矛盾？

还比如说，时不时就会冒出来的国企和民企的争论。总书记在辽宁视察时明确表示，怀疑、唱衰国企的思想和言论都是错误的，党中央毫不动摇地支持民营经济发展。两层意思，就是中央一直明确的"两个毫不动摇"。这可谓一锤定音。

之前的笔记中提及，马克思的"两个决不会"足以让这样的争论显得无聊。再学习《矛盾论》，学习有关抓主要矛盾的观点，再次觉得这样的讨论实在有些耗费精力。邓小平同志说得好，"不管黑猫白猫，能捉老鼠的就是好猫"。中国特色社会主义进入新时代，社会主要矛盾已经转化为人民日益增长的美好生活需要和不平衡不充分的发展之间的矛盾。不管国企民企，能够有利于解决这个主要矛盾，都理所当然地应该支持发展。与这个主要矛盾相比，国企民企之间如果存在什么需要协调的关系，那也是次要矛盾。

抓住了事物的主要矛盾，理论就能一语中的，舆论就能一针见血。

埋头实干与抬头望天

◎ 2018 年 10 月 5 日

1

国庆假期，去了安吉。

节前在张旭东教授导读下，重读《党委会的工作方法》。毛主席用 3000 字左右的篇幅，提出了十二条重要的党委会工作方法。毛主席一生中提出了无数高瞻远瞩的创见，至今依然指导着我们的实践。从政治到日常，他留下的许多论断，构成了我们耳熟能详的政治话语体系和日常用语。问题摆到桌面上、学会弹"钢琴"、要"抓紧"、胸中有"数"、团结和自己意见不同的同志，等等，至今仍然是切实管用的好方法。不禁感慨，作为伟大的政治家、战略家，毛主席抓具体工作，也是那么见真招、有章法，那么重实情、接地气。

去了安吉，看了美景，又引发反向思考——在抓好具体工作的同时，战略思维又是何其重要！

两个方面统一起来，就是如何处理抓具体和谋大局的关系问题。也可以说，是如何处理脚踏实地同高瞻远瞩的关系，"处理大事必作于细"同"抓大放小"的关系，处理"一屋不扫何以扫天下"同"风物长宜放眼量"的关系。归根到底，说的是实干精神与战略思维的辩证统一关系。

2

毋庸讳言，我们的工作中还存在着不少的官僚主义和形式主义，但是全力以赴抓落实，一定是各级领导干部的主流。为什么？因为我们这么大的一个国家，全球第二的超大经济体，如果大多数环节都是人浮于事，各级领导干部少有实干之意，这个国家绝不会快速跃升到连最发达的经济体也要视我们为劲敌的地步。

这个逻辑一点也不复杂，是一个仅凭常识就能得出的结论。我们需要正视干部作风中依然存在的各种问题，但是也要实事求是地评价自己。

天下难事必作于易，天下大事必作于细。这个道理，我们还要反复讲、长期讲。要好好学习毛主席在《党委会的工作方法》中提到的具体工作方法，更要学习这背后蕴含的方法论。用会议传达会议、用文件落实文件，这样的工作方式，显然与此背道而驰，务须整治，坚决摒弃。

还有一句话：不谋全局者不足以谋一域，不谋万世者不足以谋一时。这说明，重实际、抓具体的同时，又必须讲战略、谋大局。

"战略问题是一个政党、一个国家的根本性问题。"习近平总书记反复强调战略思维对党的事业和干部成长的重要性。这是对党领导人民在革命、建设和改革开放各个时期奋斗历程的经验总结，也揭示了我们党能够始终立于历史潮头，放眼全局、立足长远，汲取教训、修正错误，纵横捭阖、锐意革新，不断开创事业新局面的思想方法和精神动力。

毛主席在党的七大报告中有一段极为形象的描述：坐在指挥台上，如果什么也看不见，就不能叫领导。坐在指挥台上，只看见地平线上已经出现的大量的普遍的东西，那是平平常常的，也不能算领导。只有当还没有出现大量的明显的东西的时候，当桅杆顶刚刚露出的时候，就能看出这是要发展成为大量的普遍的东西，并能掌握住它，这才叫领导。

这段话的实质，是领导干部要有战略思维。

毛主席自己，就是一位伟大的战略家。50多年前，美国前助理国防部长菲利普·戴维逊就曾对此深有感触。卢毅教授在讲课中引用了他的一段话："毛泽东何止是一位游击战士！他是一位伟大的战略家。在20世纪20年代和30年代初期，他在一系列辉煌的游击作战中，把蒋介石及其国民政府弄得苦恼不堪。10年后，他以游击战和运动战相结合，在中国打败了日本人。40年代后期，他在一系列得心应手的运动战中征服了中国。最后，他的部队在朝鲜阵地战中顶住了美国。哪个领袖能像他这样在这么多的不同类型的冲突中长期立于不败之地？"

毛主席毕生的对手蒋介石，在其日记中心悦诚服地说："研究毛泽东匪首所著战略问题，甚有益趣，惟恨研究不早耳。"

波兰记者爱泼斯坦这样描述毛泽东和蒋介石的差异："我们这些外国记者都来自重庆，我们不由得注意到毛和重庆的蒋介石在举止方面的强烈反差……蒋经常没有必要地讨问过多的繁琐事务，事后批评他的指挥官做的大小每一件事。……毛则相反，他极擅长于委任他人负责某件事，以便他有充分的时间去考虑、分析一个更大的远景。"

毛泽东和蒋介石，都被历史选择走上前台。在很长一段时间里，历史的天平明显倒向了后者。但是，历史更像一位仲裁者，激浊扬清，惩恶扬善，冷面似铁，热心如汤。历史不以成败论英雄，但它最终只会把英雄的桂冠，戴在那些遵从规律、顺应发展，与时代洪流一道奔涌向前的人们头上。实事求是，是历史手中的法槌；历史，是评判每一个人的法官。

蒋介石从根本上，就站在了逆历史潮流而动的位置。单纯从战略思维这一点上，同毛泽东相比，他也输得很惨。

3

成都武侯祠有一副著名的"攻心联"：能攻心则反侧自消，从古知兵非好战；不审势即宽严皆误，后来治蜀要深思。

这副对联形制整饬、意蕴深远，单从艺术水准而言，已属上品，再则又饱含处世哲学、人生哲理，因而被尊为武侯祠所有联语中的扛鼎之作，也是全国不可多得的名联之一。据说，毛主席十分推崇此联，1958年他来武侯祠时，就在这副名联前驻足沉思良久，反复玩味其间的微言大义。

不论是上联的攻心之策，还是下联的审时度势，体现的都是不囿于一时一事，立足当下、着眼长远的战略思维。

战略思维，不可能一蹴而就，一觉醒来突然就从天而降；也不是一点就通，翻几本成功学教材或是总结别人的经验就能顿悟。按照"实践论"和"矛盾论"的观点，战略思维只能从实践中来，从对复杂局面和事态的感知开始，通过对事物内在矛盾及其与其他事物联系的分析，经过理性的思考、科学的总结，形成规律性认识，再将其付诸实践并接受实践检验，不断积累，逐渐养成。

这听上去挺高大上，很容易让人心存畏难。窃以为，战略思维也是分为不同层次、适合不同人群的。事实上，并非所有人都有机会在很高的平台锻炼、养成和运用战略思维的。各级领导干部，身处不同领域，面对各自群体，分工负责的事务，有的事关宏旨，有的谋于一隅，但是都有一个能否用战略思维谋篇布局的问题。

比如安吉。2005 年之前，这里有大量矿山厂、水泥厂、造纸厂、竹拉丝厂等高污染企业。以天荒坪镇余村为例，尽管是当地名副其实的首富村，却整日飞沙走石，村民每天"灰头土脸"，一度被国家列为太湖水污染治理的重点区域。村里干部痛下决心，停掉石矿，关掉工厂，让蓝天重现，让余村涅槃。2005 年 8 月 15 日，时任浙江省委书记的习近平来到余村调研，肯定了余村干部群众的做法，首次提出了"绿水青山就是金山银山"的科学论断。"两山"理论，也是对当地干部战略思维的褒奖。

在这之后的十多年里，安吉领导班子一任接着一任干，既保护了绿水青山，又做大了金山银山。如今的余村，三面青山环绕，生态优美，还成功创建国家级 3A 景区，游客纷至沓来，村民收入水涨船高。

这其中体现的，就是基层干部群众的战略思维。

余村给我们的启示是：领导干部做不到战略把控，影响的不是一事一时一隅，而是相关行业、相关地区、相关单位和个人长远的发展和现实的利益。从这个意义上说，越是位高权重，越需战略思维。

比如，中央各部委处理涉及一条战线的问题，需要在准确把握战线内部矛盾、提出建设性处理意见的时候，综合考虑本战线与其他战线的矛盾与协作，跳出本部门的视野局限和利益考量，力求全局利益最大化、长期化。各地方处理本地区的问题，也是同理。

再比如，一名机关里的处长，一名企业的中层，包括每一位具体工作人员，也都有属于他这个层次的战略思维。战略思维受眼界所局限，又反过来提升眼界。每个条块、每个岗位、每个层次的领导干部，如果都能以战略思维分析现实、解决问题、推动工作，实质都是在为整个党的战略能力添砖加瓦。

这种累积，不只是简单的几何级数增长，而会形成深刻的化学反应。

4

战略思维的一个重要支点，是要懂得抓大放小。在鱼和熊掌不可兼得的时候，要善于选择、勇于放弃。日常工作中，战略思维的最大掣肘，是陷于事务性工作，只知埋头干活，无暇抬头看天。这也是许多同志深觉委屈之处：工作那么忙，整天在加班，哪有工夫谋全局、布战略？

1940 年 5 月 30 日，蒋介石给重庆市市长下手令："防空洞外新设各厕所，其便桶应规定解除警报后三点钟以内，必须清除洗净。"国民党高级将领熊式辉叹曰："不宜日理万机，陷于事务主义之深坑……事必躬亲，终必自误。"

蒋介石本人于 1937 年就在日记中坦陈其"一生短处缺点与病源"，其中之一为："不注重提纲挈领，细事操劳过多。"毛泽东的评价是："蒋介石就是见事迟，得计迟。形势已经出来了，他还没有看见。"

谋大局和抓具体，是一个问题的两面，互为表里，相辅相成。善谋大局者，必先熟稔工作的重点是什么、难点在哪里，唯其如此，才能有的放矢、排兵布阵。善抓具体者，也是心里装着全局的棋谱，知道何时跳马、何时拱卒，如果只是盯着眼前这一两步棋，常常难免满盘皆输。

可不可以这样说——没有战略思维，只知埋头"抓落实"，容易闭目塞听、本位主义，胡子眉毛一把抓，陷入"只见树木，不见森林"的窠臼；只有"战略思维"，却不屑或不会抓落实，这样的战略，常常都是凌空蹈虚，不接地气，最终沦为一个个大手笔的"政绩"，样子好看，全没"里子"。后一种干部，有时候是赵括，有时候是马谡。

1948 年 1 月 18 日，毛泽东在为中共中央起草的决议草案《关于目前党的政策中的几个重要问题》中说："当着我们正确地指出在全体上，在战略上，应当轻视敌人的时候，却决不可在每一个局部上，在每一个具体问题上，也轻视敌人。"这段话后来被概括为"战略上藐视敌人，战术上重视敌人"。

仔细想想，这对把握谋大局和抓具体的辩证关系，也很有意义。

理论与舆论，该如何共舞

◎ 2018 年 10 月 8 日

1

国庆假期，舆论不休息。

国际热点莫过美国一连串咬牙切齿剑指中国，国内热点没有什么可以跟范冰冰逃税被课以重罚一事相匹敌。两个热点折射出同一个问题：舆论的背面是理论，理论喜欢穿着舆论的外衣。

2

当地时间 10 月 4 日，在华盛顿智库哈德逊研究所，美国副总统彭斯发表长篇演说，历数美国对中国有多好，中国又是如何恩将仇报，甚至"恶劣"到干预美国 2018 年中期选举。5 日，美国五角大楼发表一份报告，指责中国带有侵略性的工业政策，旨在破坏美国的国防工业基础。

10 月 5 日，美国《纽约时报》文章《彭斯的中国政策讲话被视为"新冷战"的前兆？》称："彭斯先生的演讲显然是面向国内听众。

他演讲的地点——保守派研究组织哈德逊研究所和时间——在中国是夜里 11：00——意味着其在中国的观众有限，主要是国际事务专家。而且是在中国的黄金周假期发表的，那时候，政府最激烈的'外交政策麦克风'，国有的《环球时报》不出报纸。"

过去半年来，美国同中国进行了一次又一次正面交锋。如果就美国的每一个具体行为一一对应地加以分析，容易过于乐观或悲观，拘泥于一时一事的悲喜。倘若把这些事情串起来看，可以发现，美国遏制中国的战略决心与策略推进，已经不再像过去那样遮遮掩掩，而是显得步步为营、咄咄逼人。

怎么看待这个问题？

半年前，我曾就美国媒体乱象写过一篇文章——《透视西方传播权力转移的背后》。其中谈及，国际政治经济秩序的深刻变化，逐渐削弱了西方国家用过去那种巧取豪夺的方式支付其民主制度成本的能力。作为西方世界的老大，美国正在一次次展示"唯我独尊""舍我其谁"的自私与霸道。特朗普上台以来，先后宣布退出 TPP（跨太平洋伙伴关系协定）、巴黎协定、联合国教科文组织。总体而言，西方国家在民主、自由、人权等传统观念上越来越进退失据，越来越难以自圆其说，不再有能力像过去那样把"双重标准"包装得富丽堂皇，于是索性撕破脸皮。这应该是美国一连串举动的根本原因。

现在看来，用上述结论解释美国最近的举动，依然成立。

理论的力量在于它可以穿透舆论的迷雾，跳出视野的局限，从深层次、从根本上，帮助我们厘清事物背后的规律和逻辑。

3

再说范冰冰逃税案。

这起在舆论场延宕 4 个多月的逃税大案，本因随着税务机关调查终结、作出重罚而告一段落。按照通报，如果范冰冰按时缴清税款、滞纳金和罚款，将免于刑事处罚。了解到这些，舆论不乐意了。舆论开启追问模式：范冰冰逃税案、空姐代购案、刘晓庆案，看上去差不多，为什么结果不一样？

舆论是有脾气的。我觉得，它生性多疑，任你把事情掰开了、揉碎了讲，讲到你几乎快要怀疑人生，它也照样要钻牛角尖，放出"十万个为什么"等在前方；它锱铢必较，倘若你被它记了"小黑账"，就算过去了八百年，它也会翻出来讲一讲；它坚韧不拔，打破砂锅问到底，不取"真经"不回还，任何想要糊弄了事的做法，最终都会被它啪啪打脸……

当舆论场上争论不休时，怎么办？我觉得最好的方法，是让理论出场。

有法律专业人士解释，空姐代购逃税是走私，与范冰冰逃税是两个概念。"走私普通货物罪"没有刑事免责条款，国家依法对涉事空姐进行刑事处罚没有问题。刘晓庆案发生在 2002 年，那时候的犯罪叫"偷税罪"。2009 年刑法修改后，偷税罪改成了逃税罪，并且规定，经税务机关依法下达追缴通知后，补缴应纳税款，缴纳滞纳金，已受行政处罚的，不予追究刑事责任。所以刘晓庆当年的行为，放在 2009 年以后，也会跟范冰冰案一样处理。

通过梳理可以得出结论，这三个案子，时间不同，情况不同，罪名不同，结果自然不同！法律问题，是不能简单类比的，而舆论恰恰喜欢简单类比。

即便明白了这三个案子的差异，舆论仍然愤愤不平：为什么逃税那么多钱，只要补缴就没事了？这算不算法律的漏洞？这样的法律是不是偏袒有钱人？

客观地说，这样的追问，有较为普遍的民意基础，从普通人视角看，也不无道理。但是，在一个法治社会中，对法律的尊重是一条基本的底线。舆论可以探讨现行法律可能存在的缺陷，但是，在法律条文没有修改之前，必须尊重法律，严格执行法律，否则，法律就会失去刚性，法治就会动摇根基。

由此不难看出，舆论的困惑，常常源于理论的缺失，有时也表现为对理论的排斥。舆论主要诉诸感性，在反映客观世界时表现得极为敏感，是人们对社会现象最早、最快的共同思索和结论，许多舆论最终沉淀为理论的精神素材或萌芽状态。理论主要诉诸理性，需要复杂的、长篇的推理和论证过程，凭简单的知觉难以把握，普通社会成员对其缺乏亲近感。

这提醒舆论工作者，对各类舆论热点，特别是众说纷纭的事件，要善于用理论抽丝剥茧、条分缕析，为了卖点，迎合情绪，不仅解决不了问题，还会一点点拉低舆论工作者的声誉。也提醒理论工作者，理论不是书斋里把玩的器物，它需要走到人群中去，走到舆论里去，用自己的理性，消除舆论中的戾气，增添社会的凝聚力。

简单说，就是舆论的理性化问题和理论的大众化问题。

4

但是，这绝不是说，舆论和理论就要不分彼此，混成孪生兄弟。舆论和理论分属不同的场域，有各自不同的语境，承担各自的职能。不明白这一点，也容易引起思想认识上的混乱。

老师在讲课时提及一篇文章，该文章前段时间在舆论场上一度沸沸扬扬。2018年1月12日，在纪念《共产党宣言》发表170周年之际，中国人民大学周新城教授写了一篇文章——《共产党人可以把自己的理论概括为一句话：消灭私有制》。文章被党刊旗下的《旗帜》栏目官方微博刊发并做了数次点评，结果招致一些学者和业界人士强烈反弹。

周教授的文章有问题吗？我找来看了，觉得没什么问题。之所以引起争议，主要是因为文章的标题。

他的标题有错吗？也没有。这个标题并非原创，恰恰是科学社会主义的经典《共产党宣言》里，一个掷地有声、振聋发聩的论断。对于周教授文章的遭遇，张开老师在导读《资本论》时，颇有点愤愤不平。的确，可能一些对周教授文章表示强烈不满的人，并没有读一读原文，也不知道这个标题的出处。但是，"消灭私有制"这几个字，在时下的社会语境中，却足以刺痛不少人的神经。

有媒体人表示，中国仍处于并将长期处于社会主义初级阶段，私有财产受法律的保护，非公有制企业对国民经济发展做出重要贡献，以合法获得财富为目的的大众创业是国家崛起的重要动力之一。这个时候宣扬"消灭私有制"，客观上会引发国家政策可能调整的猜测，动摇人们对私有财产受法律保护的信心。

这段话，揭示了当下关于"私有制"问题的舆论语境。一句并没有错误的结论，一篇论述有力的理论文章，被这样孤零零地抛进舆论场，立刻就引发了舆论的敏感。打个不太恰当的比方：穿着晚礼服，出席交响音乐会，肯定没有问题；但是，如果西装革履地走进相声会馆，人还是那个人，但总会让身边的观众产生异样的感觉。这也算是一种启示或是教训。

归结起来说，有理论在背后打气，舆论才不会胡乱发脾气；舆论时不时发点脾气，也会激发理论直面现实问题的勇气。

还可以说，理论和舆论，当然不能井水不犯河水。但必须明白，如果理论想要跨界，就要懂得入乡随俗，照顾舆论的"审美"观，穿上舆论看着顺眼，至少不会排斥的衣服。

"塔西佗陷阱"的舆论学反省

◎ 2018 年 10 月 9 日

1

班上一位同学主政一方，散步时说了一件事。上级环保主管部门要求，当地煤场必须全部封闭苫盖，以免粉尘污染；上级安监主管部门要求，当地煤场严禁封闭苫盖，以防粉尘爆炸。

这位同学说，两个婆婆，咱都不敢得罪，而且各自说的也都有道理。咱在基层，那就想办法呗！

听完很感慨。平时在工作中，面对一些地方和部门出现问题引发舆论反弹时，我时常提醒编辑，不要轻易地把板子打在基层身上。上面千条线，下面一根针。基层落实工作很不容易，媒体人切莫看人挑担子不吃力，要多站在高层看问题，多站在基层想问题。

也是因为这个原因，今天下午的新学员代表座谈会，我对"两带来"发言的初稿进行了调整，缓和了言辞，尽量避免伤及一线干部。

但问题还是得讲。

2

一个多月前，全国宣传思想工作会议在北京召开，习近平总书记用"九个坚持"，总结了党的十八大以来宣传思想工作的一些规律性认识，其中首要的就是"坚持党对意识形态工作的领导权"。五年前，也是在宣传思想工作会议上，总书记曾强调指出："做好宣传思想工作必须全党动手……要树立大宣传的工作理念，动员各条战线各个部门一起来做"。

落实总书记指示，宣传思想战线首当其冲。同时也要看到，在"全党动手"方面，我们也还存在不小的差距。我以为，问题主要有三。

一是重视不够。舆论工作事关社会和谐稳定和国家长治久安，但是并不是所有党政领导干部都能从这个高度去认识。客观地说，轻视、忽视舆论工作的观念，在一些地方和部门还较为严重。舆论工作被认为很"虚"，而且是宣传部门的分内事，领导同志点个头、画个圈、打打气、给点经费，就算很给舆论工作面子了。

二是协调不畅。一些地方、部门和领导干部，平时不太关心舆论工作，在出现舆论危机时，常常只是宣传口单兵作战、忙于"救火"，而且往往也是简单地进行"封、堵、删"。各部门之间的统筹安排和协调配合机制既不健全、也不畅通。只有在本地区、本部门或者本人受到舆论监督、遭遇舆论危机时，一些领导干部才会想到舆论工作，而且往往会埋怨宣传部门"舆论引导不力"。我也常听宣传部门的朋友诉苦，说宣传部门是有限权力、无限责任。

三是能力不足。受文化传统、体制机制、思维定式和能力素质制约，一些地方和部门不善于做舆论工作的问题由来已久，至今仍然突出，部署工作没有舆情处置预案，出现问题没有舆论调控方案。一些同志跟不上形势发展的脚步，不适应舆论生态嬗变的节奏。一旦舆论危机来临，常常临阵失语，前言不搭后语甚至胡言乱语。

这些问题在不同地区和部门的存在，一定程度上削弱了党的执政能力、伤害了干群关系、影响了社会和谐稳定。从深层次影响来看，则是从舆论领域为形成"塔西佗陷阱"提供了动能。

3

"塔西佗陷阱"一词源于古罗马执政官塔西佗所著历史书中的一段表述："一旦皇帝成了人们憎恨的对象，他做的好事和坏事就同样会引起人们对他的厌恶。"按照现在网络上流行的理解，所谓"塔西佗陷阱"，就是当政府丧失公信力后，无论说什么做什么，人们都会认为它是在说假话、做坏事。

据复旦大学中国研究院副院长范勇鹏教授考证，历史上塔西佗本人从未提出过这个陷阱，西方学者也没有创造过所谓"塔西佗陷阱"的概念。这一词语来自当代学者的引申。但是，谈论所谓"塔西佗陷阱"所揭示的现象并非完全没有警示意义。

塔西佗陷阱的形成原因是多方面的。从舆论视角看，我觉得至少有三个方面的原因。

一是因为舆论的"标签化"特性。舆论对某一个群体、某一类事物进行标签化，是舆论的一种特性。

舆论标签化基本遵循以下编码路径：把个案泛化成普遍现象，把偶发总结成必然结果，把特殊描述成一般情况，把细节夸大成事物全貌。舆论标签化的解码，是编码的逆过程。当一个标签形成甚至根深蒂固之后，人们就会按照与编码相反的路径，解读具体事物。比如，用对某个群体的总体印象，对群体中某个个体进行评估和描述。在各种标签的暗示和诱导下，人们越来越下意识地把某个群体与某些特征画上等号。例如，官员都是腐败的，城管都是暴力的，路人都是冷漠的，老人都是讹人的……

与"塔西佗陷阱"紧密相关的，是舆论对官员群体的标签化认知。

客观地说，官员群体的确存在良莠不齐的现象，但是就整体而言，一个基本的判断是，作为落实各项大政方针和政策措施的执行者，官员群体总体是正向的、勤勉的，否则就没法解释我们这个国家和这个社会还能正常运转并且不断向前。我自己身边接触到的大多数领导干部，工作常态基本就是"5+2""白加黑"，而且职位越重要，工作就越忙。同时也毋庸讳言，确有一些领导干部罔顾党纪国法，为所欲为，不仅败坏了干部队伍的整体形象，更是伤了人民群众的心。这也是事实。

但是，事实是一回事，舆论呈现出来的事实则是另一回事。舆论通过"我爸是李刚""让领导先走"之类的标签化处理，逐步生成和强化了某种"仇官情结"。一听说当事人是个"官"，舆论关于"官员"的所有负面印象立刻就被调动起来，全部压向当事人。事情的本来面貌，反倒愈发模糊。

无论在哪个国家，政府公信力都是需要下大力气去建设和维护的。官员形象，同政府公信力紧密相关。如果官员形象偏于负面，政府即便什么都没做，公信力也会因此耗损。

二是因为舆论场上的"公地悲剧"。1968 年，美国学者哈丁在《科学》杂志上发表了一篇题为《公地的悲剧》的文章。在文章中，哈丁设置了这样一个场景：一群牧民一同在一块公共草场放牧，一个牧民想多养一只羊增加个人收益，虽然他明知草场上羊的数量已经太多了，再增加羊的数目，将使草场的质量下降。牧民将如何取舍？如果每人都从自己私利出发，肯定会选择多养羊获取收益，因为草场退化的代价由大家负担。每一位牧民都如此思考时，"公地悲剧"就上演了——

草场持续退化，直至无法养羊，最终导致所有牧民破产。

这样一种场景，在舆论场上是不是也屡屡上演呢？如前所言，在"全党动手"方面，我们也还存在三个方面的问题。简单地说，就是各个部门都在舆论场上放羊，但是维护草场的任务，基本就交给宣传部门了。问题在于，一些深陷舆论危机的地方、部门和领导干部常常昏招迭出，想的只是尽快让自己脱身，至于公信力的损耗，看不见、摸不着，反正也不是由我一个人买单，哪还管得了那么多？久而久之，一系列涉公权力和领导干部的舆论事件，从不同侧面，消耗和吞噬着这个资源，蚕食和腐蚀着这块"公地"。舆论场成了"乱砍滥伐者"肆意妄为却不必负责任的丛林，千疮百孔的林地逐渐水土流失，最终被"塔西佗陷阱"吞噬也在情理之中。

三是因为舆论应对的"破窗效应"。一幢有少许破窗的建筑，如果不及时修缮，就会有更多的破坏者破坏更多的窗户。破窗理论认为，环境中的不良现象如果被放任存在，就会诱使人们仿效，甚至变本加厉。尽管舆论应对失当、引导不力的案例屡屡发生，但是至今几乎没有因为这方面原因被公开问责、受纪律处分的单位和个人。这在一定程度上，放任并强化了忽视舆论工作的倾向。这不仅对党和人民事业造成负面影响，也让各级领导干部因此被打上某种共性标签，以集体名义为一些负面案例背书。

总起来说，在舆论介入愈发频繁、愈发深入、愈发强势的今天，如何走出"塔西佗陷阱"，已成当务之急。

4

当今世界正在发生广泛而深刻的变化，当代中国正在发生广泛而深刻的变革。舆论对社会变动极为敏感，社会转型期往往也是舆论传播活跃期，更是舆论冲突多发期。这是舆论生态嬗变的社会背景。

依托数字化传播手段，舆论传播的通道更加畅通，成本更加低廉，主体更加多元，舆论环境也更加复杂。以网络为代表的新兴媒体，已逐渐担负起跨媒体、跨区域、跨层次舆论传播媒介的角色，日趋成为舆论生成的策源地、舆论传播的集散地、舆论交锋的主阵地。这是舆论生态嬗变的技术背景。

媒体格局的演变，过去那种主流引领支流、遏制逆流的模式受到挑战，各种类型媒体影响力、掌控力的争夺，直接影响了舆论引导的走向、效果和难度。这是舆论生态嬗变的行业背景。

舆论生态的嬗变，迫切需要各级党政干部清醒认识舆论工作的影响，正确把握舆论工作的规律，切实提高舆论工作的水平。具体而言，可以从三个维度审视舆论工作。

一是维护执政安全的维度。习近平总书记曾以"五个事关"，强调做好党的新闻舆论工作的极端重要性。各地区、各部门，特别是单位一把手，都需要跳出本位主义、局部利益的局限，从维护党的执政安全的高度，切实抓好舆论工作。

二是增强执政能力的维度。战争年代，我们的干部需要懂一定的军事知识和武装斗争规律。和平年代，面对"人人都有麦克风"的舆论生态，各级党政干部也必须具备应对媒体、引导舆论的能力，特别是在重大突发性事件中，要及时正确地回应舆论关切、理顺公众情绪。这是新时期增强党的执政能力的题中应有之义，是"新形势下领导干部做好工作的基本功"，是各条战线的同志都要学习的本领。

三是节约执政成本的维度。习近平总书记在 2012 年 11 月"落实党的十八大精神要抓好六个方面工作"时指出："对涉及群众切身利益的重大决策，要认真进行社会稳定风险评估，充分听取群众意见和建议，充分考虑群众的承受能力，把可能影响群众利益和社会稳定的问题和矛盾解决在决策之前。"一些新出台的政策措施遭遇舆论反弹，基本都源于政策出台前缺乏必要的解释引导，没有把舆论压力计入政策推行的成本核算中。大量事实证明，事前不把舆论成本计入其中，事中和事后，舆论就会以自己的力量，让相关部门把这部分"成本"加倍奉还。

这样的例子不胜枚举。重大政策措施出台前，特别是那些与群众关系密切、容易引发争议、可能引起国际关注的政策措施，在部署落实时，务须将舆情分析预测纳入进来，深入研判可能引发的舆论反响并就此制定应对预案，以免出现舆论危机时手忙脚乱。

5

回到开头的问题，以上也许只是一名舆论工作者的纸上谈兵，缺少对一线同志难处的体认。当然，这些都不影响前述问题。舆论是有"脾气"的，你让它有多难受，它就会让你有多难堪；甚至变本加厉地返还；今天你对它爱搭不理，明天它就会让你高攀不起。也许，还需要经过更多的现实教育，舆论工作才能在各地方、各部门获得应有的重视。

与其如此，不如未雨绸缪。

理论学习，不能太功利

◎ 2018 年 10 月 10 日

1

每次小组讨论，若曦同学都是妙语连珠。我想，一来可能是因为他新闻学专业的背景，有对象意识，善于提炼主题，拟制"标题"；二来可能是因为他长期做相关工作，是"圈内人"，对理论教学和研究工作比较熟悉。

比如这次讨论，他说，我们学习理论，是为了"以理服人"，但是实际生活中，经常出现"以理唬人""以理吓人""以理压人"的情况。

曾经在党中央机关刊工作了十年，对相关情况多少有些了解。我觉得，若曦同学说得挺有道理。我的理解是：以理唬人，就是满口经典原著，时不时还大段大段地背上几句，但常常食古不化，言不及义，貌似权威，实则空泛。以理吓人，就是搞"恐吓营销"，抓住一般人对相关理论不甚了了的弱势，言必称希腊，以示自己正确，进而达成自己的目的。以理压人，就是把理论当作"尚方宝剑"，人挡杀人，佛挡杀佛，谁要说出半个"不"字，立马就会被扣上不懂理论、不尊重规律的帽子。

这就涉及一个重要问题，我们学习理论是为什么？

导读《费尔巴哈论》时，阮青教授引用恩格斯的话说："一个民族要想站在世界的高峰，就一刻也不能没有理论思维。而提高理论思维的最好的办法，就是学习以往的哲学。"

在纪念马克思诞辰 200 周年大会上，习近平总书记说："共产党人要把读马克思主义经典、悟马克思主义原理当作一种生活习惯、当作一种精神追求。"

小组组织生活会上，说话慢条斯理但却不乏诗情的李伟同学说，经典作家的著作，为人类历史构建了一座非常壮丽的大厦，我们的理论学习，是在构建我们自己的马克思主义小房子。她还说，来党校学习，开启了我们的寻根之旅。

小组讨论会上，组长鸿罡同学说，多年以后，跨越时空，依然能够感受到理论的力量，这就是经典的魅力。

这些陈述，从不同侧面回答了上面的问题。

2

加强理论学习，是建设马克思主义学习型政党、推动建设学习大国的题中应有之义，也是各级领导干部增强综合能力、提升工作水平的必然要求。习近平总书记强调，领导干部特别是高级干部要把系统掌握马克思主义基本理论作为看家本领。党的十八大以来，以习近平同志为核心的党中央大力推进理论创新、加强理论武装，广大党员、干部特别是高级干部必须自觉抓好学习、增强党性修养。

但是实事求是地说，关于理论学习，也有一些不好的习气。结合自己的理解，加之与同学们的交流，我觉得最主要的有两个方面。

一是功利化。在这里，功利化不是指的工作中缺什么就赶紧学什么那种。尽管在讨论中，许多同学都满怀歉疚地说，自己学习太功利，常常为了适应工作需要，恶补相关知识。我们这个时代，发展得实在太快，新情况、新问题、新知识层出不穷，可谓"吾生也有涯，而知也无涯"。及时为自己的知识储备提供补给，不仅不是功利，反而值得鼓励。

这里说的理论学习功利化，是将理论学习作为装点门面、应付差事、展示"才干"、谋取私利的手段，而不是当作提升素质、增强能力、开阔视野、拓展格局的途径。按照马克思、恩格斯有关"异化"的观点，这也算是理论学习的异化吧。

比如，在十多年的编辑和审稿工作中，我发现，现在见诸报端的一些理论文章，实际成了一些学者孤芳自赏的"手把件"、完成各类考核评比的"垫脚石"，或是官员展示政绩的"功劳簿"、体现所谓理论水平的"敲门砖"。

一些领导干部给党刊投稿，竟然直接就把印成内部文件的工作总结或讲话稿原封不动地寄过来，连起码的文章体例都不屑调整。这是对编辑的不尊重，对党刊的不尊重，归根到底，是对理论的不尊重。这哪里是要探讨理论问题？

二是庸俗化。理论学习，原本如入芝兰之室，久而不闻其香，即与之化矣；又如与鸿儒对谈，与高手对弈，凝神聚气，云淡风轻。怎么说，理论学习都不该同"庸俗"二字沾边。但是，这又是不争的事实。

陈云同志有一句15字箴言："不唯上、不唯书、只唯实，交换、比较、反复。"陈云同志说："这15个字，前9个字是唯物论，后6个字是辩证法，总起来就是唯物辩证法。"这句话的重点，就在一个"实"字，体现了实事求是的思想路线。

可不可以这样说：脱离了实事求是，做不到理论联系实际、推动实践工作，只是在所谓"理论"的圈圈里打转转，这样的学习和研究，就陷入了庸俗化的泥沼。

粗略想想，事关理论的庸俗化问题，见识过的，大致有如下几种：

一曰亦步亦趋。若曦同学在另一次研讨时，还曾经说过一个观点——不要把理论知识水平和理论水平等同起来。我觉得这个说法也很通透，理论知识一大堆，经典原著张嘴就来，但是理论活学活用的能力欠缺，无助于实践，更不利于理论创新。

学习的目的全在于运用。掌握和运用马克思主义立场观点方法来研究和解决中国的实际问题，既是我们党的优良传统，也是我们加强理论学习的根本所在。但是，我们有些同志或是学得不深、不透，或是把学习当作完成任务，把理论学习搞成了自说自话、自娱自乐，搞成了脱离实际、凌空蹈虚。放眼望去，有些所谓的理论文章，更像是对各种经典论述进行"Ctrl C +Ctrl V（复制＋粘贴）"的产物，大段大段地照抄照搬经典著作和领导讲话，哪怕一些常识性问题，也要引用"权威说法"才觉得心里踏实，不敢用自己的话说，更不敢说新话。读完之后，了无新意，味同嚼蜡。这其实就是一种"本本主义"，更反映了学风问题。。

二曰牵强附会。马克思主义活的灵魂，就是具体问题具体分析。对于党的基本理论基本路线基本方略，对于马克思主义中国化的最新成果，我们必须紧密结合实际，在理论与实际相结合的基础上消化吸收，运用到工作中去。但是我们一些同志在这个问题上不求甚解，常常只是囫囵吞枣、浅尝辄止，尚未准确了解其中的内涵与外延，更没有把握本质，形成规律性认识，就把各种新名词四处张贴，闹出一些似是而非、张冠李戴的笑话。中央提出经济新常态，有其特定含义和适用范围，但是很快就出现了文化新常态、社会新常态、生产新常态、休闲新常态等等各种提法。这种现象，屡屡出现。

三曰用力过猛。理论的力量在于说真话，在于实事求是。理论学习和研究，既不能回避矛盾、文过饰非，也不能夸大其词、溢美拔高。要坚持科学求实的精神，是什么问题就讲什么问题，是什么原因就讲什么原因，是什么程度就讲什么程度。但是我们一些同志在理论学习上也一定程度上存在"政绩冲动"，一些理论文章看似非常"政治正确"，但是常常脱离具体工作"放空炮"，调门越拔越高、口号也越喊越响，甚至出现不讲逻辑、违反规律的硬伤。

刘海涛教授导读《社会主义从空想到科学的发展》时，讲过一个例子。如果问，中国特色社会主义为什么会出现？有人回答，这是我们党对社会主义建设规律不断深化的产物。听上去好像很是那么回事，但其实是错误的答案。刘教授说，中国特色社会主义是生产力发展到特定阶段形成的，是由经济基础决定的。任何认为存在是在绝对真理指导下取得的观点，都是唯心主义的。

类似的例子，其实细细留心，还能发现不少，对一些重要论断和政策措施的解读和阐释，尤其是一些表态性、阐释性的文章，特别容易出现这类问题。

四曰标新立异。我们党之所以能够历经考验磨难无往而不胜，关键就在于不断进行实践创新和理论创新。勇于并且善于推动实践基础上的理论创新，是理论学习的最终目的。必须清醒认识到，只有遵循事物发展规律的创新，才具有生命力。但是我们一些同志搞偏了理论创新的出发点和落脚点，为赋新词强说愁，语不惊人死不休。与第一种情况相比，这类问题又走向了另一个极端。这不是理论创新，而是如毛主席所言，无实事求是之意，有哗众取宠之心，反而让理论创新遭遇污名。

可能还有其他表现形式。综合分析，这几类问题，都没有把理论学习和研究当作是一件严肃、严谨、严密的事情，各取所需，各为所利，结果把一个理应高大上的活动，搞成了四不像。

3

不论是功利化，还是庸俗化，都是理论学习和研究的大敌。我辈后来者，应当警惕。

没有"里子"，哪来"面子"

◎ 2018 年 10 月 12 日

1

最高人民检察院检察长张军同志长期深耕司法领域，周五的报告，直面现实问题，干货满满，理论与实务兼具。

谈及中西方司法体制优越性比较，张检察长讲得言简意赅：司法体制的优越性体现在哪里？答案是，适合自己的就是优越的。

群众有一种说法，鞋合不合适，脚知道。这个答案，超越了技术层面的纠缠，说到了问题的本质。这个答案，其实可以延及几乎所有领域，因为它的核心，就是实事求是，这是最根本、最大的实际。不论理论界还是实务界，经常会有人脱离具体问题和各自实际，拿着"本本"按图索骥，做一些原教旨主义的空泛比较，结果闹出许多"关公战秦琼"式的笑话。

2

报告中有一段话是从媒体工作角度出发的，听完颇有同感。张检察长说：实际检察工作中，抗诉不在于多，而在于精、准。要选择那些具有典型意义、在司法理念方面有纠偏、创新、进步、引领性的案件，抗诉一件可以促进解决一个方面、一个领域、一个时期司法理念、政策、导向的问题，发挥对类案的案例指导作用。

大千世界，变幻万千。媒体即便有三头六臂，也没法有闻必录。如何取舍？那就需要选择那些最能勾勒外部世界真实轮廓，最能反映事务本质的素材，进行合理的深加工。

新闻时评，是舆论引导的重要载体。时评选题，就需要选择那些苗头性、倾向性、普遍性的问题，评论完了对观察、分析、解决同类问题能够有所启发，有所指引。离开了这个标准，整天跟着所谓的热点跑，评不好，效果也寥寥。

张检察长的报告，提到了一个难题：检察机关提起公益诉讼特别是行政公益诉讼，客观上起到了对行政权的制约作用，但有的地方政府担心诉讼中做了被告影响地方形象和发展。怎样使检察机关与地方各级政府携手联动，实现双赢多赢共赢，这是落实全面依法治国在现阶段急需破解的一个难题。

这个难题，同样反映在舆论监督领域。

实际工作中，多数领导干部都能虚心接受媒体批评，正确对待舆论监督。特别是党的十八大以来，以习近平同志为核心的党中央率先垂范、正风肃纪，坚持以人民为中心，把党的群众路线贯彻到治国理政全部活动之中，赢得了全党全国各族人民的真心拥护。

但是毋庸讳言，在现实生活中，一些地方、部门和领导干部，常常以所谓"正面宣传""维护稳定""促进和谐"等说辞，拒绝甚至打压舆论监督。

有的一被媒体曝光、批评就大为光火，觉得丢了他的脸面，坏了他的政绩；有的热衷于"面子工程""形象工程"，生怕舆论监督揭了他的盖子、砸了他的牌子；有的对揭露出来的问题避重就轻、敷衍塞责，解决起来更是推诿扯皮、态度消极；还有的则对舆论监督无动于衷、漠然视之，你说你的，我做我的；更有甚者，对舆论监督采取抵制、对抗态度，堵截媒体记者，压制群众批评，甚至搞出"跨省"抓捕记者的闹剧。

在一个"人人都有麦克风""处处都是直播间"的时代，这样的做法越来越受到千夫所指，其结果基本都是引发次生舆情，陷入更大的舆论危机。

3

舆论监督与司法监督，同属于社会监督系统中的重要组成部分。与司法机关不同的是，虽然媒体在西方被称为"第四权力"，但实质上，它并没有实际的权力，能够发挥监督作用，只能靠舆论的"脾气"。

舆论的"脾气"是很大的。如果正常的舆论监督受阻，舆论的能量就会偏离合法轨道，寻求非理性爆发，或者不断集聚直至破坏性释放。不论是哪种方式，都会造成对社会系统的强力冲击，破坏社会的和谐稳定。

"知屋漏者在宇下，知政失者在草野。"人民群众是政府工作最权威的裁判者。舆论监督是实现和发展人民民主、行使宪法赋予人民群众的民主监督权利、扩大公民有序的政治参与、维护人民群众根本利益的重要途径，是国家政治生活中十分重要的监督机制。不解决好舆论监督难的问题，非常不利！

怎么解决？张检察长讲，首先要解决理念问题。公益诉讼是为了追求胜诉、让政府过不去吗？绝对不是！公益诉讼的本质是帮助、促进政府依法行政，共同维护人民群众根本利益，共同把总书记强调的"以人民为中心"落实到位。

真心希望面对舆论监督，各级领导机关和领导干部也能这样转换观念，不要只想着"面子"问题。"里子"没有，哪来"面子"？舆论监督帮你发现问题，协助你推动解决问题，恰恰是要帮你搞好"里子"、挣回"面子"。

还是要坚持从群众中来，到群众中去的根本工作方法，发扬认真倾听群众呼声、广泛征求群众意见的民主作风，多渠道保持同人民群众的密切联系。

4

当然，问题的出现，一定是矛盾各方共同促成的。"正人先正己。"媒体人"笔下有财产万千，笔下有毁誉忠奸，笔下有是非曲直，笔下有人命关天"。作为舆论工作者，也得严肃认真地对待舆论监督，做称职的利益攸关方。唯有恪守职业道德，遵守新闻规律，搞好舆论监督，才对得起整个社会赋予媒体的权力。

一是事实为要。真实是新闻工作的生命，也是舆论监督的公信力所在。搞舆论监督，首先要确凿事实。舆论监督报道失实，后果严重。要深入调查研究，全面收集证据，听取各方意见，充分掌握材料，决不能道听途说、捕风捉影、偏听偏信、断章取义。舆论监督只有建立在事实准确的基础上，才能经得起实践、群众和历史的检验。

这里面有一个很重要的问题：涉事地方和部门，你得积极提供准确信息，公布事实。现在一些地方和部门，面对重大舆情事件，有的仍然抱着封、堵、删的思维，结果"小事拖大，大事拖炸"；有的虽然发声了，但信息发布有头无尾，关键"靴子"不落地；有的领导干部习惯"一篇通稿打天下"，不愿面对媒体，"千呼万唤始出来，犹抱琵琶半遮面";有的信息发布或回避问题,或草下结论,或言语不当,刺激社会情绪,使问题发酵升级。大量事实表明,如果装鸵鸟,不仅会增加舆论监督的成本,还有可能带歪了节奏,毕竟事实才是所有推论的逻辑起点。你捂着事实,怎么让舆论监督?

二是出以公心。我们是一个体量和规模都惊人的超大经济体,存在发展不平衡、不充分的情况。特别是,我们正在经历深刻的社会转型,各类问题层出不穷,利益纠葛错综复杂。这就需要媒体人在职业操守和政治意识上站稳脚跟,抓住群众关注、政府重视、有普遍意义的问题,站在最广大人民根本利益的立场,而不是站在个人和小团体利益的立场,公正无私地报道事实、讲明道理。

这就要求新闻工作者在采访报道时必须全面、辩证地观察和分析问题,充分考虑实际情况的复杂性,善于听取不同意见,防止主观臆断、感情用事。只有出以公心、与人为善、以理服人,才能让被监督对象心悦诚服地接受批评,才能正确反映我国社会生活的主流和本质。

三是注重效果。张检察长在报告中讲,公益诉讼的目的,就是促进解决仅凭行政职能难以推进和落实的公益难题,达到办一案警示一片、教育社会面的效果。舆论监督也是同理,贵在建设性,简单地批评一番、曝光一下了事,反而激化了矛盾。

揭露问题要跟踪报道处理结果,向积极的方面引导,不能只是提出问题而没有下文。对那些现阶段还没有条件解决的问题,不宜炒作渲染,切不可盲目助长不切实际的过高要求。那种为了片面追求轰动效应而搜奇猎异,刻意炒作一些没有普遍意义的特殊个案的做法,更是要不得。它不仅火上浇油,也损耗了舆论监督的声誉,而且还会更进一步增强一些地方和部门对舆论的恶感,从而造成恶性循环。

倘若如此,这是整个社会不愿意看到的,当然也包括舆论工作者自己。

5

现实是第一性的，舆论是第二性的。现实的美好是"里子"，舆论的赞誉是"面子"。这么浅显的道理，在现实生活中常常被扭曲，恐怕不是因为不理解，而是有其他因素在干扰和误导，比如不科学的发展观和不正确的政绩观。

近来，不少地方出台指导性意见，鼓励和支持舆论监督。这是一个好现象。当然，如何深入认识舆论监督、理性面对舆论监督，往往知易行难。解决这个问题，不是靠单纯地扭转领导干部的认识就行的，它还需要整个体制和机制层面，形成完善、科学、客观、公正的评估和奖惩体系。

所以，舆论监督难，是一个系统性问题。

中国方案的历史必然

◎ 2018 年 10 月 15 日

1

按照王东京副校长开学时教学引言所说的"好课"标准，陈曙光教授讲的《习近平新时代中国特色社会主义思想概论》，至少符合"好课"三条标准之一：我想到了、也想对了，但不知道如何论证和表达，等老师讲完，我茅塞顿开。今天转入新的研习单元，陈教授的课属于这个单元的总论，是一个好的开篇。

讲课内容分三个部分：新思想的创立背景，新思想的科学内涵，新思想的历史地位。这样的三段论结构，有板有眼，中规中矩，是最常用、最便于梳理也最便于理解的论述方式。能够由此生发出新意，就全靠叙事、概括、提炼的角度和观点提升的高度了，陈教授的"好课"特色正在于此。

比如，谈及新思想创立背景时，陈教授将其分为三个部分——

发展方位：从大国走向强国

国际方位：从世界体系边缘走近世界舞台中央

政党方位：从世界最大政党转向世界最强大政党

这样的条分缕析，有历史纵深，有横向观照，还有特质解读，为理解习近平新时代中国特色社会主义思想的创立背景，提供了非常清晰的三个维度。

2

印象较深的是，说到发展方位时，陈教授专门提及中国消费市场的崛起。他用具体数据说明，中国的GDP（国内生产总值）已经超过美国GDP的60%，但是就消费市场规模而言，2017年中国目前已经达到5.7万亿美元，而美国是5.8万亿。也就是说，中国的消费市场已经可以跟美国等量齐观。这是一个非常重要的现实问题，关联着美国的战略决策。

前一阵，讨论中美贸易战的根源时，有一种观点挺有意思，那就是"60%红线"。从过去几十年的发展历史看，美国必然会通过经济等多重手段，对快速崛起的国家采取遏制政策，以继续维护霸权。其中一条可评估的尺度，是这些后起国家GDP达到或超过美国GDP的60%。20世纪，美国对对手有两次出手，原因与结局都如出一辙。

一次是20世纪70年代，苏联的GDP一度超过美国的60%，美国对苏联加大遏制，加之苏联自己犯了致命错误，导致最终解体。另一次是20世纪80年代，日本GDP一度超过美国的60%，引起美国警觉，逼迫日本签署"广场协议"、日元升值，造成大量资金流向股市和房地产市场，当泡沫破裂后，日本陷入"失去的二十年"。

有学者总结，对美国来说，GDP的60%是一道红线，谁要是越过这道红线，美国就会毫不留情地打压，这就是美国强加的大国博弈。用这样列举式的历史性总结（至于是否具备必然性特征，暂且不论），分析中美贸易战的内在原因，是一个新颖的思路。

陈教授在今天的课上进一步指出，当苏联和日本的 GDP 达到美国的 60% 时，他们的消费市场却远不及美国，苏联仅为美国的 13% 左右，日本也仅相当于美国的 36%，难以支持自己的可持续发展。即便如此，美国也毫不犹豫地痛下杀手。这样的阐释，就在"60% 红线"观点的表象性描述基础上，揭示了内在的必然性指向。

是不是可以这样理解：当中国 GDP 抵达"60% 红线"时，面对具有庞大消费市场的中国，眼看着在消费指标上被超越指日可待，美国遏制中国的意图之迫切、手段之凶狠、意志之坚决，都远远胜于当年对付苏联和日本。美国近来一系列行为的现实逻辑，也就清晰可见。

类似的新意还体现在若干具体论述中。比如，言及"人民立场由谁决定？"这个问题，陈教授设问，共产党的人民立场是由《党章》决定的吗？人民当家作主的制度属性是由《宪法》决定的吗？这个设问很有针对性，因为一些学者的论述就是这个思路，窃以为，这没有说到根本，反而有点本末倒置。

陈教授的回答是：归根结底来说，共产党能否坚守人民立场、中国能否坚持人民当家作主的制度属性，由这个国家的经济力量决定。一个国家的经济力量掌握在人民手中，这个国家才可能坚持以人民为中心的政治立场。

这个结论，说服了我。

还比如，马克思主义基本原理告诉我们：社会基本矛盾决定社会性质（社会形态），社会基本矛盾变了，社会性质（社会形态）也就变了。主要矛盾决定社会阶段，社会主要矛盾变了，社会阶段也就变了。那么，为什么我们今天社会主要矛盾变了，但社会发展阶段没有变，还是社会主义初级阶段？

陈教授的回答是：党的十九大界定的主要矛盾与党的八大以及十一届六中全会界定的主要矛盾，不是根本对立的，本质上都是"发展不够"的矛盾。"发展不够"在前半程表现为"落后的社会生产"，在新时代表现为"发展不平衡不充分"。

今天的主要矛盾不是对过去主要矛盾的否定和超越，不是根本性质的变化，而是阶段性的变化，是量的累积，是部分质变，是同一矛盾的新的呈现形式。因此，这种"变"并没有超越社会主义初级阶段的"度"，因而也没有改变社会主义初级阶段的基本国情。

结合之前的"两论"学习，这个答案，也帮我厘清了相关困惑。

3

关于习近平新时代中国特色社会主义思想内涵，我们通常会用"八个明确""十四个坚持"来概括。陈教授对此做了提纲挈领的解读："八个明确"是其主体内容，"十四个坚持"是其基本方略和实践要求。这些内容构成了一个系统完备、逻辑严密、内在统一的科学体系。"八个明确"是指导思想层面的表述，在行动纲领层面表述为"十四个坚持"的基本方略。"八个明确"讲的是"道"，是世界观，是理论理性；"十四个坚持"讲的是"术"，是方法论，是实践理性。

在这个基础上，陈教授梳理出十一个关键词——

1.主题主线——回答"走什么路"的问题

2.思想红线——回答"是什么人"的问题

3.历史方位——回答"从哪里来"的问题

4.历史使命——回答"到哪里去"的问题

5.战略安排——回答"怎么走"的问题

6.发展理念——回答"如何发展"的问题

7.发展布局——回答"建设方略"的问题

8.强军战略——回答"军事保障"的问题

9. 安全战略——回答"安全保障"的问题

10. 国际战略——回答"外部环境"的问题

11. 领导力量——回答"政治保证"的问题

纲举目张，对于理解这个主题，有了新的路径，有了初步的宏观把握。

陈教授的讲课中，有一句话印象深刻：中国向世界提供价值观，不提供价值观模式，而西方则在后一个问题上近乎偏执。

这指向一个问题：中国向世界提供中国方案、贡献中国智慧，是不是要推销和输出中国模式？这恰恰是"中国威胁论"鼓噪的一个议题，也是一些人对中国发展心存疑虑的地方。

马克思恩格斯指出："统治阶级的思想在每一时代都是占统治地位的思想。这就是说，一个阶级是社会上占统治地位的物质力量，同时也是社会上占统治地位的精神力量。支配着物质生产资料的阶级，同时也支配着精神生产的资料。"将这个论断，放之国际领域，也一样说明问题。

由于当今时代的全球化浪潮是在资本主义经济体系及其"游戏规则"主导和控制下进行的，全球化进程受到西方发达国家的控制和支配。有学者指出，当今经济全球化不断扩展的过程，实际上就是建立在资本主义经济基础之上的、代表资产阶级利益的意识形态在世界范围内不断扩展的过程，反映出当今全球化的意识形态性。

西方资本主义国家利用全球化中的不合理规则和秩序，在诸多问题上搞双重标准，肆意染指甚至公然践踏发展中国家的主权。这让我们看到了全球化影响人类社会发展的另一面，同时也让我们清醒地认识到全球化的意识形态性，即当今的全球化过程"不仅是一个经济过程，而且是一个伴随着意识形态运动的政治过程"。

与冷战时期针锋相对、剑拔弩张相比，当今西方国家在意识形态领域的渗透披上了全球化外衣，因而更具迷惑性和欺骗性。西方发达国家从维护自身利益的角度尽力美化、怂恿并推动全球化，大力渲染全球化的好处，将其描绘成一幅生产要素和资源在全球自由流动和配置并获得收益的"田园诗"般的图景。他们大量散布"淡化意识形态""意识形态终结"等论调，大肆鼓噪"全球思维""全人类的利益高于一切"，试图掩盖其意识形态目的。

就目前的实际情况看，西方国家的这种策略在我国已经产生了一定的影响。随着全球化进程的进一步深入，我们的一些同志认为中国和西方国家有的只是全人类的共同利益，鼓吹整个社会都应当"消解主流意识形态"。持这种观点，迟早是要吃亏的。

陈教授讲，中国从跟随全球化转向引领全球化，从融入全球化转向塑造全球化，从输入型现代化转向辐射型现代化，国际方位迎来了前所未有之大变局。世界秩序不再由西方独自主导。2012 年以来，习近平新时代中国特色社会主义思想在解决中国"强起来"问题的同时，也要为人类面临的发展赤字、治理赤字、和平赤字提供中国方案，这是中国所处的国际方位决定的。

这个过程中，"中国威胁论"恐怕要如影随形，不时还会出现一些变种，我们唯有夯实自己的战略定力，直面挑战，顺势而为，才能把中国特色社会主义这篇大文章写下去。

4

学习已过三分之一，每个单元都是收获满满。怎奈时间紧、任务重，许多著作和文献还来不及好好消化，有些甚至连通读都还没做到。平日里的学习，受制于工作的繁忙程度，常常就像吃饭一样，饥一顿饱一顿的，没有章法，也没有形成规律。现在，猛然一顿又一顿的大餐等着你，上顿没消化完，下顿又端上桌了，大快朵颐之际，难免诚惶诚恐。

　　还得像毛主席说的那样，要"抓紧"了，在体育锻炼、阅读文献和整理笔记之间，要学会"弹钢琴"了。

通俗些，再通俗些

◎ 2018 年 10 月 16 日

1

"短些，短些，再短些；广些，广些，再广些；软些，软些，再软些。"这是著名报人、《新民晚报》原总编辑赵超构先生的名言。

这说的是办报，但文章要想写得好、写得让人愿意看，也可以参考。这里想说的，是理论宣传。

在很多人眼里，理论不是"软"的，而是"硬"的。这种认识，也是有道理的。理论当然要过硬，它的职能是帮助人们认识世界、改造世界。自己不过硬，被现实一碰就碎，理论何以占据人们的精神世界和思维空间？

所以，如果说理论天生就是"硬"的，就该有一颗"硬核"，这话也是没错的。

但并不意味着，理论的外壳也必须是硬的。理论要面向不同人群，尤其是要面向普罗大众，它的呈现方式，绝不只有"硬"一种。或者说，为了让更多人能够理解、能够接受，理论需要适应不同人群的需要，用他们能够接受的方式表达。如果外表坚硬、冰冷，让人连感知的兴趣都没有，理论还何谈说服人、教育人、武装人？

这当然说的主要是理论宣传。理论研究，有它自己的逻辑和领域，而且面向特定的研究群体，不必过分强调它的外在形式，只要能让相应群体按照通行的话语体系对接就行。

2

那些让人爱不起来的理论文章常常存在一些共性特征：哗众取宠的观点，晦涩难懂的逻辑，因文害意的修辞，佶屈聱牙的术语。久而久之，生生把真问题搞得像伪命题一样，面目可憎，拒人千里。又或者，把伪命题包装得像真问题一样，煞有介事，故弄玄虚。归结到一点，不够通俗。

工作中，我还发现一个有意思也让人遗憾的现象：一些领导干部脱稿发言或是私下聊天，观点很有见地，表达极为通俗，甚至可以说幽默风趣、引人入胜。但是，他的理论文章却四平八稳、鲜有特色。经过了解，他们的回复几乎惊人的一致——不这么写，感觉不像理论文章。

我们是不是对理论文章本身有什么误会？或者说，是不是觉得理论文章不板着脸、不掉书袋、不抄原文，就不够深刻，就不够深沉，就不够深邃？是不是还有一种扭曲的认知，觉得理论文章太容易看懂，说明不够专业、不够水平？

作为一名编辑，感觉真是可惜，进而感到无奈。

3

理论为什么要通俗？

我们的理论,需要大众化。我们正在探索和建设中国特色社会主义,解决好理论大众化问题,具有政治意义、理论意义和实践意义。

马克思有一段经典名言:"理论一经掌握群众,也会变成物质力量。理论只要说服人,就能掌握群众;而理论只要彻底,就能说服人。所谓彻底,就是抓住了事物的根本。"引用这句话,是因为实在想不出别的表达方式,能把这个道理雄浑有力地表达出来。

要巩固马克思主义在意识形态领域指导地位,巩固全党全国人民团结奋斗共同思想基础,实质就是要用马克思主义的科学理论掌握最广大的群众。

马克思主义是科学,在与各种反马克思主义和非马克思主义的比对和斗争中,具备缜密的逻辑性和彻底的科学性。马克思主义中国化的成果同样是科学,而且是符合中国实际、顺应中国国情、解决中国问题的科学,具有中国风格中国气派,对中国特色社会主义实践而言,是一种"彻底"的理论,是能够说服人的理论,理应掌握群众。马克思主义的科学理论,特别是马克思主义中国化的最新成果,原本就是雄浑的、深刻的、壮美的、动人的。

但是,如果我们的理论宣传脱离群众、凌空蹈虚、自娱自乐,不考虑大众的认知水平、接受习惯、思想症结,岂能让大众愿意接近?如果我们的理论宣传只是枯燥的说教、抽象的推理、空虚的展示,又怎么能让理论掌握群众?

4

理论能不能通俗?

当然能!一定能!

刘海涛教授导读《社会主义从空想到科学的发展》时,用侯宝林先生的经典小段《卖佛龛》举例。

相声说的是一位老太太买了一份新佛龛，很郑重地抱着回家。一位小伙子遇见了，上前打招呼："大娘，出门儿啦！哈……买佛龛啦？"老太太一听不乐意了，埋怨道："年轻人说话没规矩，这是佛龛，能说买吗？这得说'请'。"小伙子忙赔不是："噢，大娘，我不懂，您多少钱'请'的？"老太太想都没想，抱怨道："咳，就这么个玩意儿，八毛！"

刘教授说，开头老太太不让说"买"而说"请"，那是因为涉及意识形态，她的思想被迷信左右了。但是一提到具体多少钱，问题就转到经济基础层面；经济基础决定上层建筑，老太太的"信仰"也就瞬间"崩塌"，随口骂了起来。

看看，用这么一个大家熟知的案例，讲解一个理论问题，多么通俗易懂。

将抽象的理论问题，通过逻辑转换和对接，使其呈现具象化特征，往往可以把理论问题讲得通俗易懂。比如，一些人将西方国家的民主、自由、人权等奉为"普世价值"，按照他们的说法，中国应当对此"照单全收"。为了说清楚这个问题，我曾尝试以中餐和西餐类比。

无论中餐还是西餐，都是由于特定自然地理、气候条件、资源特产、饮食习惯等多重影响而形成的饮食类型，各自都有着深厚的文化传统和广泛的社会基础。尽管中餐和西餐都有值得对方学习借鉴的地方，但是，中餐更合中国人的口味，西餐更合西方人的胃口。

如同蛋白质、维生素、碳水化合物是人体必需的营养一样，民主、自由、人权也是人类共同的追求。吃中餐还是吃西餐，都只是形式和方法的问题，并非内容。将民主等同于三权分立和多党轮流坐庄，不仅混淆了形式与内容，也把"民主"这个重要思想概念化、教条化、简单化、庸俗化了。这样的民主并不为人们普遍接受，本身就是对"普世价值"的最大讽刺。

还比如"异化"问题。劳动的异化，是马克思主义理论的一个重要论断，但是，要想搞懂"异化"范畴，还真不是那么容易的事情。不过，群众自有群众的智慧。同学们课间打趣说，学习原本是丰富思想、提升水平的重要途径，是一件快乐的事情。但是现在，学习《1844年经济学哲学手稿》，学得很痛苦，而且由于要考试，学习又"统治"了我们这些学习主体，我们不能不继续"痛苦"地读原著。这就是"异化"。

尽管不那么贴切，但是这样的通俗性转换，还是有利于加深我们的理解。其实，如果用身边的例子，还是用学习说事，可能更能说明问题。许多孩子被家长安排了各种补习班，放学后，假期里，来回奔走于各个教室，许多孩子苦不堪言，家长也跟着精疲力竭。这样的学习，就是典型的学习的异化。

所以，只要我们多有一些主观能动性，多做一些思维转换，理论的通俗化是完全可以实现的。

5

理论怎么通俗？

赵超构先生的"短、广、软"，给了我们一个思路。2010年5月12日，时任中央党校校长的习近平在中央党校学员开学典礼上强调，要积极倡导、大力弘扬优良文风，在"短、实、新"上下功夫。这也为理论宣传通俗化提供了重要遵循。

具体而言，窃以为，理论宣传通俗化，可以有三个着力点。

一是形式。剑波同学在小组讨论时感慨，毛主席的文章，有话则长，无话则短，绝不为了所谓体例的平衡，非要把文章的各个部分扯得一般齐。这个意见，是有针对性的。

我们说形式通俗，通常是说要用群众喜闻乐见的形式，而群众是最讨厌凡事都三大点套三小点再套三小小点的。多一些看门见山，少一些穿靴戴帽，有理讲理，有事说事，群众是欢迎的。

中国语言，特别是诗歌，讲究音韵美，也讲究建筑美。建筑美，美就美在错落有致、参差不齐、变幻多端。写文章，如果总是为了所谓的均衡，硬要把几句话能说完的部分，非得抻得跟别的部分一样长，很容易令人生厌。

二是语言。毛主席是文章大家、语言大师，他总是能够适应听众的认知水平和语言习惯，用大多数人能听懂的方式阐释深刻的道理。

在讲《矛盾论》时，毛泽东为了说明"外因是变化的条件，内因是变化的根据，外因通过内因而起作用"这个论点，举例说，鸡蛋因为适当的温度而变化为鸡仔，而温度不能使石头变为鸡仔。这就一下子拉近了复杂的哲学问题同一帮"泥腿子"的距离。

三是思维。这最关键！

很多年前，读到过一段话，已经记不清谁说的。大意是，用中国字写中国景，写出中国味，不算什么本事；用外国字写外国景，写出的却是中国韵味，那才是本事。

这就是从思维角度考虑通俗化的问题。同样的理论问题，面对国内受众，是一种讲法，面对国外受众，需要另一种讲法，这样做，才能通俗化。如果说形式和语言的通俗化是外在的，相对也是好落实的，那么从表达思维和接受思维的对接上考虑通俗化，就是内在的，需要花点功夫去琢磨的。

从这个角度看，我们觉得马恩原著难读，除了理论本身的艰深和文化背景的差异，是不是也是因为他们写作时用的是德国人（西方人）的思维呢？

"中国革命斗争的胜利要靠中国同志了解中国情况。"毛主席的这句话，用在这里，也能说明问题。

6

归结起来说，理论的大众化不到位，症结还是出在作风不扎实、学风不深入、文风不通俗。

在《改造我们的学习》中，毛主席批评了"'闭塞眼睛捉麻雀'，'瞎子摸鱼'，粗枝大叶，夸夸其谈，满足于一知半解，这种极坏的作风，这种完全违反马克思列宁主义基本精神的作风"，批评了"只会片面地引用马克思、恩格斯、列宁、斯大林的个别词句，而不会运用他们的立场、观点和方法，来具体地研究中国的现状和中国的历史，具体地分析中国革命问题和解决中国革命问题"的学风。

在《反对党八股》中，毛泽东列举了党八股的八大罪状，即"空话连篇，言之无物。""装腔作势，借以吓人。""无的放矢，不看对象。""语言无味，像个瘪三。""甲乙丙丁，开中药铺。"不负责任，到处害人。"流毒全党，妨害革命。""传播出去，祸国殃民。"这其中，绝大多数同时也是文风问题。

这些经典论述，今天依然值得我们好好体会。

7

通俗，但不能庸俗！

现在，各种新媒体平台方兴未艾，一些理论宣传借助这些平台，确实可以更好地占领阵地，赢得受众、特别是年轻受众。这个方向，还值得进一步探索，但是切不可因为走得太远，却忘了为何出发。通俗化如果演变成观点的刻意迎合、语言的装嗲卖萌、形式的花里胡哨，一不小心就会堕入庸俗的泥潭。眼下看似能吸引一些流量，但是如果理论本身不够"硬"，身段再"软"，也会令人生厌，久而久之，反而会进一步激发受众对理论的逆反心理。

这么做，实在得不偿失！

理论通俗化的三大主体

◎ 2018 年 10 月 17 日

1

跟一位媒体同行探讨理论宣传问题。他告诉我，他们是外宣媒体，所以没有理论版。言下之意，可能是外宣工作不适合做理论宣传。

我不这么看。做好外宣工作，重要的是讲好中国故事。就当前而言，中国故事的内核，就是中国特色社会主义理论体系，特别是习近平新时代中国特色社会主义思想。《习近平谈治国理政》的多种外文版本在各国热销，说明什么？说明当中国日渐走近世界舞台中央，当聚光灯打向中国，人们不仅关注中国有什么，更关注中国为什么。这不就是对理论的关注吗？

窃以为，理论宣传搞得好，特别是形式包装好，是可以在外宣领域使得上劲的。我们的理论是"硬通货"，我们要有这个自信。我们并不谋求"美元"那样的霸主地位，但是，我们的成功实践给了我们底气，让我们的理论有信心以开放的姿态，与其他理论同台竞逐，展现我们自己的优势和特色。

我们的理论宣传有时候难以深入人心，问题不出在理论本身，而是我们常常把理论研究和理论宣传混为一谈，把理论宣传和舆论引导割裂开来，结果学者觉得浅，读者觉得深，两者都不爱看，陷入高不成低不就的尴尬。理论宣传不能太端着了，更不能没有读者意识，搞成圈子里孤芳自赏的东西。这实际上大大抹杀了理论的功用，想想就觉得可惜。

2

理论通俗化，是为了理论大众化。许多学科，都有理论通俗化的需要，因为大众有这样的需求。

一方面，一些受众对于军事、科技、工程等专业问题感兴趣，借助社交媒体平台，形成了各种"兴趣小组"。他们当中，有的有专业背景，但大多数人只是出于兴趣，起步于"门外汉"。这就需要有业界大神能深入浅出地科普，为入门级"菜鸟"提供导引。

另一方面，现在网上有一个"民科"群体，各种涉及日常生活的科技谣言和谬论，时常以各种似是而非的形式出现。这也需要有专业背景又有科普经验的理论研究者，及时以通俗易懂的方式，传播科学，修正谬误。这类知识，一般受众不太掌握，辨别力较低，从众性较强。这就要求专家学者以严谨、负责的态度，以准确、专业的知识，以强烈的社会责任感，廓清迷雾，厘清事实。

这里说的，主要是指马克思主义理论。马克思主义理论是一个庞大体系，涵盖哲学社会科学。这些学科，比如政治学、经济学、社会学、历史学、文学、法学，等等，或多或少都会同大众的学习、生活、工作产生关联。一方面，大众希望能够以相对轻松、易懂的方式获取相关知识；另一方面，普通受众多多少少都是可以叨叨几句的，你讲的准不准、好不好，大众评判自有门槛。反映在通俗化方面，这类理论通俗化需求更为迫切，要求也更高。

理论应该通俗，理论可以通俗。那么，理论通俗化靠谁去做？我觉得有三个人群，理所应当是理论通俗化的主力军。

3

首先当然是理论研究工作者，大致包括大专院校、各类智库以及党校（行政学院）中从事理论研究的同志。

理论研究者的优势在于，主业就是理论研究，在相关领域接受了系统化、专业化的训练和积累，具有深厚的理论功底和敏锐的学术眼光，提供的理论文本具有较高的学理性和可信度。这个群体，在学术领域要遵循学术研究的逻辑，使用特定的话语体系。但是进入理论普及层面，就需要增强对象意识，进行表达思维转换，力求专业性和通俗性的统一。

需要明确的是，理论研究者不能为了普及而普及。公众对专家学者，是有专业期待和学术信任的，能够通俗当然更好，但公众首先还是看你说的专业不专业，而不是耍嘴皮子、玩"学术杂耍"。如果不专业，公众何必在你这里寻求答案呢？

这就提醒理论研究者，进入舆论场域，务须坚守理论定力，保持理论风骨，不迎合、不谄媚、不投机，不唯上、不唯书、只唯实。

切莫在流量为王的舆论生态中，抛开学术的严谨，信口开河，标新立异，追求做一名理论"网红"。公众把"砖家"的标签扩大化地指向学术群体，这是不公平的，但是也从一个侧面说明，一些专家学者个体的不严谨、不严肃，带来了整个群体的污名化。

作为马克思主义理论培训的中坚力量，党校工作者责任重大。这是因为，党校姓党，党校教师马克思主义理论功底深厚，党校学员实践经验丰富，同时兼具较强的理论基础，二者都有推进理论通俗化的能力和责任。

正因如此，在秋季班新学员代表座谈会上，我曾建议，党校不仅要带领学员读原著、学原文、悟原理，也要在马克思主义中国化最新成果的通俗化、大众化方面更多着力，引导学员增强理论联系实际的能力，增强学以致用、把理论知识推广到群众中去的能力，让科学的理论真正掌握群众。

4

第二类群体是各级党政干部。

一般而言，党政干部是指各级党政机关中担任一定职务、达到一定级别的领导干部。这里说的，不是一个严格意义上的组织人事概念，要比一般意义上的范围更广，它是指各级党委、人大、政府、政协以及其他公共权力机构的工作人员。

党政干部作为各类公共权力部门的工作人员，是党和国家各项决策部署的研究者、制定者，也是贯彻、落实这些决策部署的组织者和领导者。简单说，这个群体是社会的管理者，承担着协调社会利益、化解社会矛盾的任务。党政干部群体的理论水平如何，直接关系到宏观战略谋划和微观政策执行。

经过大规模的轮训和长期的政治理论学习，党政干部群体总体具备较强的理论素养。从理论通俗化角度看，党政干部群体对党和国家的路线、方针、政策的理解，相对于其他群体更深入、更透彻、更清晰。同时，对于基层情况是比较了解的，特别是一线干部。一方面上接天线，一方面下接地气，凸显了党政干部的独特优势。这个优势，是专业的理论研究者不好比拟的。据说，现在党校教师都要求有地方挂职经历，估计也是为了补实践的短板。

而且，党政干部常常需要直接面对群众，这是理论通俗化、大众化非常好的契机。如何在这个过程中，把马克思主义的立场、观点、方法，以润物细无声的方式播撒到群众中去，是党政干部需要考虑的问题。这需要有用科学理论掌握群众的政治自觉和历史使命。

5

第三大主体，就是媒体人。

理论和舆论，在媒体平台上水乳交融。完全可以说，媒体人是一手托两家，占据理论通俗化的平台优势和话语优势。

我在党刊工作十年，又在党报工作至今。对理论研究和宣传比较了解，对舆论传播规律也曾潜心研究。当然，我也深知，自己学艺不精，用老百姓的说法，属于"二半吊子"，两头都不精。两头都精通当然好，但是"二半吊子"也自有优势，那就是，站在理论这头，想的是理论如何回应舆论关切；站在舆论那头，想的是舆论如何找到理论支撑。如果两头都精，或者哪怕一头很精通，可能就不会像"二半吊子"那样，有各种困惑，有不少迷思。不过，如果两头都不了解，可能也不会想到从那一头寻找这一头的答案。

媒体人每天接触的新鲜事物涉及方方面面，涵盖各种领域，为了满足工作需要，各方面信息都要了解一点，各方面知识都要学习一点，可能注定只能做一名"万金油"式的"杂家"。这不丢人，真能做到这一点，已然不容易。当然，如果结合自己的工作，在广为"撒网"的同时，又能专攻某个领域，成为这个领域的专家，也是值得赞誉的。

但是，我觉得媒体人更应该追求的，是成为"翻译家"。

我在《舆论的脾气》一书的后记里说，一个好的编辑，首先应该是一名好的"翻译"，要善于把冷僻的知识、深刻的论断、繁复的逻辑、晦涩的术语"翻译"成普通读者能够看懂的文本。如果别人都看不懂或都不爱看，你还怎么说服人、怎么引导人、怎么完成这个社会赋予你的使命？做一名好"翻译"，是编辑的首要能力和基本功底。

其实，这样的要求也适用于记者、评论员等各个门类。这也恰恰说明，媒体人在理论通俗化方面具有独特优势和重要责任。多用通俗化的理论分析舆论热点，多用形象化的舆论总结理论素材。在这个方面，媒体人大有可为。

6

总起来说，理论工作者、党政干部、媒体人各有优势，又各有短板，但是如果都能齐心协力，共同推进，理论通俗化工作还是可以获得明显改观的。

这需要理论工作者多点受众意识、科普思维，需要党政干部多点宣传意识、理论思维。媒体人该如何努力呢？那就是当好理论和实践之间的"摆渡人"吧！

受人之托，忠人之事

◎ 2018 年 10 月 18 日

1

从政经验交流，是党校学员培训的一个品牌课程。从 2004 年开始设置，迄今已经 14 年。

据组织员卢红兵老师介绍说，当初开设这个课程，一是源于学员有强烈的深入交流从政经验、工作经验的愿望和需求；二是符合党的建设的时代特点和要求，当年党的十六届四中全会的主题就是关于"加强党的执政能力建设"。

党校同学关系单纯而友善，相互之间有很深的信任，讲的人放得开，听的人问得直，交流真切有内容。大家深知，来党校学习是组织上给予的一个宝贵机会，边学理论边深入思考，踱方步、冷思考，学以致用，学学相长，对思想、工作和生活进行梳理，总结成长规律，有助于训练和提高理论思维能力。大家坦诚交流，相互启发碰撞，相互切磋提醒，把个人的经验、教训、感悟转化为共有财富，也有助于丰富领导经验和工作方法。

党校学员来自全国各地。我所在的支部，有的司职国企，有的主政一方，有的身穿法袍，有的穿梭讲堂，具有较为广泛的代表性。各位同学都有丰富的人生阅历和管理经验，对各自领域的情况比较熟悉，也有不少很有见地的思考和沉淀。这个优势，是其他任何培训机构难以媲美的。

从已经进行的几次从政经验交流看，大家平等相待、坦诚相见，讲真话、说实情，彼此可以了解以前不熟悉的领域，可以感受不同岗位的特点和难点，可以体会不同职业对同一问题的不同思维方式，可以领悟"他山之石可以攻玉"的妙用，等等。相同的经验可以相互印证，不同的经验可以互通有无。每一次交流之后，你都会觉得体验了一份不同的工作，经历了一场别样的人生。进一步的，又对这帮可亲可敬的同学平添更多的敬意。

2

置身这帮理论功底扎实、实践经验丰富的同学之间，我这个整日纸上谈兵的媒体人，如同遇见一座富矿。所谓学学相长，对我而言，更多的是向同学们学习，多问，多想，多做思想激荡。

谈从政经验，我无从谈起。好在老师给出的选题方向比较宽泛，包括领导从政道德、领导能力提升、领导团队建设、领导艺术提高，可以联系工作、联系思想，抓住个人在履职过程中认知最全面、感触最深刻、体会最真切的问题，通过生动鲜活的案例，展示做人、做事、做官的真情实感、真知灼见、真经实招、真才实学。

我想，做官首先得做人，一个好人不一定能成为好官，但一个好官必须首先是一个好人。我不是官，但是和大多数人一样，力求做个好人。正好借此机会，把自己过去几十年为人处世的零散脉络做一些梳理。

大致可以分两个部分：一是律己，二是对人。律己方面，我的体会是：受人之托，忠人之事；成人之美，与人为善。对人方面，我的总结是：多看别人的长处，多想别人的难处，多念别人的好处。

3

先说受人之托、忠人之事。

可以肯定，这是中华民族的一种传统，体现的是一种责任，是对别人嘱托的担当，对自己信誉的尊重。所以，它值得服膺。

一个人如果做到"受人之托，忠人之事"，他是可以得到别人的信任和尊重的，尽管我们这么做的动机许多时候很简单，只是觉得理所当然，或是为了心安。我还觉得，现在不再是过去那种熟人社会，别人开口有托于你，他很可能也是经过激烈的思想斗争，琢磨要不要开这个口。他能跟你开这个口，既说明他是信任你的，也说明你给人留下了值得信任的印象。于人于己，都是很正向的。

所以，当你受托于人时，一定得认真落实，相应结果也要及时反馈。有了这个基本的认知，接受上级交办的任务，也一样应当"照此办理"。这不是小事，它不仅是个人的行为方式，关系你是否值得信任，也直接关系一个团队、一个集体的执行力，必须严肃对待。

这个问题还可以升华一下。几年前我在《人民日报》上写过一篇文章，题目叫《培养干部不容易》。习近平总书记曾说，我们国家培养一个领导干部比培养一个飞行员的花费要多得多，而更多的还是我们倾注的精神和精力。可见，干部培养不仅要算经济账，还要算算政治账、社会账、民意账。

第一，组织上把干部安排在某一个岗位上，既为干部增长才干创造了条件，也为干部施展才华搭建了舞台。但是，如果干部一着不慎，组织的投入就将毁于一旦。从经济学的角度说，组织上培养一名干部走上领导岗位，承担着很大的机会成本。

第二，干部成长需要在社会实践中长时间历练。领导干部作决策、定方案、出点子，动用的不是实验室里的仪器设备和小白鼠，而是实实在在的人力物力和社会资源。干部能力的增强、水平的提高、经验的积累，很大程度上是以各种社会成本的消耗为代价的。如果干部因为决策失误甚至胡作非为造成损失，社会还要付出更大的成本来埋单。

第三，在群众眼中，干部就是党和政府的代表。干部干得好，群众对党和政府的信任与支持就会多一分；干得不好，甚至滑向腐化堕落的深渊，党和政府的公信力就会在群众心里减一分。因此，干部培养的支出清单中，不能不列入民意成本这一项。

由此看来，培养一名干部殊为不易。各级领导干部应当时刻铭记，一个干部从起步到成熟，凝结了组织、社会、人民的殷切期望和大量投入。可以说，组织、社会和人民永远都是领导干部的"债权人"。

各级干部都应老老实实地把自己放在"债务人"的位置上，始终牢记，我们受人民之托，就要忠人民之事，无论是作决策还是干事情，都要懂得珍惜民力、慎思笃行，不能好大喜功、好高骛远。更不能慷民力之慨、谋一己之私，用党和人民的利益"交学费"。

4

再说成人之美、与人为善。

不论职位高低，各级领导干部多少都掌握着一些权力。权力的授予，是组织和同志们出于信任，务须出以公心、慎以用权。不论为人处世，还是推动工作，都应该出以善意，在政策允许的情况下，在条件满足的情况下，多做成人之美的事，多做与人为善的事。

剔除了正常的工作调配和全局考虑等因素，切不可人为地为同志们的成长、晋升等问题设置各种障碍，甚至吃拿卡要。在这个问题上，如何认识，如何执行，在私是人品，在公是官德。我们常说，赠人玫瑰，手有余香。这有利于集体的团结，有利于单位的和谐。

需要指出的是，这里所说的成人之美，与人为善，不是庸俗市侩地拿着公家权力和组织资源封官许愿、评功摆好。这有一个明确的界限，突破了这个界限，那就不仅不是成人之美、与人为善，反而是给人挖坑、让人遭殃。

以上这两点，我将其作为律己的原则，作为努力的方向，尽管距此还有不小差距。两点归结到一点，就是要出以公心，不忘初心，堂堂正正，坦坦荡荡。

5

后面三条，是在多年工作中，通过领导和同事们的耳提面命和言传身教学习总结。

首先，多看别人的长处。

尺有所短，寸有所长。一般而言，每个人身上都有他独特的气质和值得学习的地方，全看你如何去发现，如何虚心去学习。平时的学习、生活和工作中，我时刻提醒自己，要向身边的同志学习，包括我们的上司和下属。对那些跟自己有不同意见的同志、那些有明显缺点的同志，尤其要保持平常心，努力对照别人，发现自己的不足，学习别人的长处。

做到这一点，需要克服人性的弱点。多年以前，有一位领导同志说，人生有三难：实事求是难，自知之明难，淡泊名利难。我受命就此写一篇评论。写的过程中，我才发现，人生还有第四难，那就是写好"人生三难"这篇文章，更难的是在实际生活中克服这"三难"。这一直提醒我，要始终以一颗平常心，正确地评价自己、对待别人。其中一个好办法，就是多看、多学别人的长处。

其次，多想别人的难处。

我们每个人都有不同的成长经历、思维方式和行为习惯，因为主客观条件的差异，很难都从同一个高度、同一个维度、同一个尺度上看问题。这个时候，就迫切需要换位思考，多从对方的角度想想，他说这样的话、做这样的事有什么道理、有什么难处、有什么苦衷。

毛主席说，牢骚太盛防肠断，风物长宜放眼量。仔细想想，我们的很多牢骚，恰恰是因为只站在自己的角度想问题，自己给自己受气。多体谅别人的难处，多感受别人的苦衷，就能少些矛盾、少些冲突、少些牢骚。少一些摩擦，多一些理解，公私皆有益，身心都健康。实际上，有时候只需要视角一转换，往往就能豁然开朗。

第三，多念别人的好处。

中国有句古话，叫作滴水之恩当涌泉相报。我们在日常工作中，特别是我们一步步成长的各个环节，得到了方方面面、许多同志的关心、鼓励和支持。不管什么情况，我们都需要对此满怀感恩之情，记住别人给过我们的帮助，无论他身居高位还是退居二线，无论他是你的领导还是你的下属。

只有你时刻铭记别人的帮助，你才会有意识地去帮助别人；反过来，你在帮助别人的时候体会到了幸福感和获得感，你也会更加感激别人对你的好。特别是，对于那些退出工作岗位的同志，我们尤其要更加热情地照顾，不能做那种人走茶凉的事情。如若这样，于私有亏人品，于公有碍官德。

6

多学别人的长处，多想别人的难处，多念别人的好处，简单概括，也可以说是"学人之长、想人之难、念人之好"。加上"受人之托，忠人之事；成人之美，与人为善"，这几个方面，是一个可以融会贯通的整体，有利于我们时刻保持谦虚谨慎、戒骄戒躁的精神状态，有利于我们排解烦恼、端正心态，有利于我们搞好团结、推动工作。

通过多年的实践，我个人觉得它切实可行、切实管用、切实有益。

党校最生动的是人

◎ 2018 年 10 月 19 日

1

银杏叶片正在由绿转黄，油亮亮的，槭树、枫树掩映其间。湖面映着树影，宛若调色板丢进水里，一群肥美的锦鲤，随波逐流，像是故意要把颜料打翻，挺任性的。

这会，正是党校最美的时节。深秋来了，看上去，又快走了。

傅立叶有句名言：在任何社会中，妇女解放的程度是衡量普遍解放的天然尺度。这话搁在党校，可以转换一下：在任何大院里，动物活跃的程度是生态水平的天然尺度。

每天散步，都能见到若干小松鼠，有黑，有棕，在树间穿梭，见到人也不闪躲，显得有恃无恐。掠燕湖边的天鹅，更像是被宠坏的孩子，肆无忌惮，人走到跟前，正眼都不瞧你一下，只管嘎嘎叫。它的地盘，它做主，你奈它何？

一天走到掠燕湖中的"不忘初心"亭旁，一只黑天鹅从面前走过，大摇大摆踱着方步，旁若无人，晃晃悠悠走过党的一大代表群像。这场景，不由人不联想。它的从容，穿越时空，与当年一大代表们所处

112

的凶险、逼仄形成鲜明反差。仔细一想，也对。先烈们舍生忘死，不就是为了今天这份从容吗？

但是，我想说的是，党校最生动的，不是五色的树木，不是悠然的天鹅，是人。

2

雄光不到五十，跟我一样头发花白。一天晚上，已近十点，乐呵呵扛起三脚架和相机，拉着我去院子里拍夜景。黑灯瞎火，在树丛中摸索半天。巡逻的保安见了，颇为警觉，用手电筒绕着圈晃过来，发现是个拍照的，提醒要注意安全，就放心地走开了。平日就是这样，见到美景，雄光就会琢磨该从哪个角度、用多大光圈，才能把自己构思中的美景用光与影完美呈现。

一天中午，大家正在排队，准备刷卡吃饭。吴斌拉我衣袖，语带羞涩地问我：你看我这裤子怎么样？我不明就里，端详一番：挺好啊。他又追问：裤子上的暗纹，你看得见吗？我还是不解。他说：平时上班，不好意思穿的，显得花哨，也就来这学习了，放松了，才敢穿。然后，仰头憨笑，脸上泛着红光。我向毛主席保证，他虽跟我一样已是人到中年，但当时说话的神情，毫不"油腻"，反显青涩。

章军一向生龙活虎，下了课就招呼着，邀人打球，约人游泳。熟了才知道，他还常常在宿舍练字。有一次研讨坐他旁边，溜了一眼，那字真叫漂亮。他自谦说，这都是年轻时干书记员打下的功底。动静相宜、文武相彰。看着他青春洋溢的面庞，恍惚间，会以为跟他同坐在大学时代的课堂。

李伟平日多显沉静，讲话慢条斯理，但是不经意间，又会爆出一串中气十足的笑，余音绕梁。讨论时，常有诗意的表达，想象着她身着法袍的庄严，情与法的纠结，也许可以被她的刚柔相济轻松化解。

长期在条件艰苦地区工作，岁月在晓峰脸上留下了痕迹。但他生就一张和善的脸，目光慈祥这词搁他身上，我觉得很合适。平时和他的微信互动，言简意赅，几无客套，但你就是能感受到他的坦率和热诚，这很奇怪。

中秋之后返校，咏箐在每人门前放了一块自己做的手工月饼。开学初在做自我介绍时，她说爱做甜点，很愿意和大家分享。不承想，没过几天，就尝到了，手艺很不错。

志平一米八左右的大个，平日说话，会冷不丁眉毛一挑，然后眼睛笑成一条缝，憨态可掬，像极了邻家的顽童，一点找不到标准照中的严肃。中午，胜仁与志平爱在校园里刷圈，然后在微信运动里给大家点赞。胜仁常年从事交通工作，自称是"修路"的，难怪走路上瘾。

耀辉每天早起，跑上十公里。比我大几岁，据说原来也是一个胖墩儿，现在的身形那叫一个匀称，说比我年轻十岁也不为怪。几次鼓动我早起跑步，被我婉拒了。实在起不来啊！

我猜想，岳军可能从小就属于少年老成的那种，平日不太说笑，感觉不好接近。这个方面，忠民与他有点相似，以至于开学有一段时间，我老分不清他俩，看来的确有点"脸盲症"。其实不然，接触久了，会发现他俩也都宽厚如兄长般，尽管话不多，但总以笑作答，那种理工男常见的笑。

每顿饭，冀钢都不吃菜，盛一盘水果，再来些水饺。他自己说是为了保持体形，听着就是玩笑，都那么瘦了，丝毫不考虑我们这些胖子的感受啊。平时交谈，他常会略做沉吟，似乎在字斟句酌，可能纪检干部就是这么严谨、克制。

不管上课还是参观，金龙都会背个单肩包，以至于运动会那天，有同学问，金龙今天咋没背包？略感安慰的是，金龙比我富态，而且好像也不太锻炼，这让我的减肥计划少了点紧迫感。但是从政经验交流时，金龙随口一句诗、顺嘴一首词，给我这个学中文的，不免平添了压力。

跟吴斌一样，王琳一个月瘦了十斤，他说秘诀在于不吃晚饭。这我可学不来。说话时，他温文尔雅，低声细语，但我很怀疑，他这是不是饿的？

剑波和中平，是我的球友。球品见人品，剑波每次都不厌其烦地"喂球"给我，还细致地指导和纠正我的动作，活脱脱一个称职的陪练，让我心生感激。工作中，估计他也是甘做幕后英雄的。中平是班上的老大哥，平时不苟言笑，但是到了球场就卸下了武装，时不时打出角度刁钻的球，笑得也很志得意满。

张俊生长于内蒙古，但是汉族，如果穿上民族服装，活脱脱也得是个摔跤王。他的语速不快，透着沉着和冷静的范儿，许多观点与我相契，聊起来没啥障碍。

泽涛和发亮，都有明显的潮汕口音。发亮有说书人气质，对潮汕地区掌故颇多，饭桌上听来不少轶事。泽涛很善交际，他可能是最早和班上每一位同学都攀谈上的，其他支部的同学，他也能交谈甚欢。不知道是因为有这个优势才干了统战工作，还是说统战工作进一步扩大了他的这种优势。

说到口音，最早以为世荣跟我是老乡，后来知道，他出身邻省。他话不多，但一发言，就藏不住机敏。教授级高工，不是盖的。

裕国住我隔壁，但同学之间很少串门。难得有事，进到其他同学房间，桌上也都摊着书和学习材料，大家都在苦读。跟裕国请教了一些当地的有关工作，他的思路很清晰，表达简洁明了。怪不得平时话不多，惜字如金，字字珠玑啊。

开学那天，在一楼遇见江华，那会还不知道他跟我一个支部。我们这个班，有两个江华，彼时这位江华正在因为重名登录不上而锲而不舍、反复尝试。从政经验交流时，他说的几个案例，透露出他是个严谨、清醒的人。

要说班上谁像学生，除了章军，就属孔燕了。不仅看着像学生，还因为她讨论问题时的爽直和纯粹。有一次跟她调侃，上海环球中心是我们单位的资产，她一路认真地跟着我追问："你们怎么那么有钱？当初是怎么立项的？"弄得我都不好意思继续"骗"她。

丹增跟我一个小组，住我对门，平日说话有板有眼。他来自青海，镜片后的眼神，如同青海湖水般清澈。

每天置身同样的场景，艳国写的散文却有不同的意境，文笔隽永。平时不太主动发表意见，看来是在观察着周边，思考着深层。作为学委，主持学习交流时透着深厚功底。

建峰平日不温不火，跟我印象里对旅游工作者的刻板印象挺有反差，但是一谈及旅游工作，他如数家珍，不仅对情况十分熟悉，而且有独到的见解，令人佩服。

班上唯有两个得叫我师兄的人——爱军和红领。两人都沉稳有加，爱问，好学，是他们给我留下的突出印象。红领吃早饭也挺迟，基本在我后面，估计我不是起床最晚的了。同忠民一样，爱军游泳坚持得比我好，但是也未见有忠民那样的好身材，看来游泳的确没法减肥。

若曦的口头禅，似乎是"客气啥"，因为多次有事麻烦他，每次表示感谢，他都这话。新闻专业出身，虽然并不从事媒体工作，但他散发出的干练，还是有专业熏陶的影子。发言时的犀利、幽默和洞察，让我颇为他没有从事新闻工作感到可惜。

同样来自东北，鸿罡的口音没有那么浓重，少了点喜感。作为组长，他默默奉献，没少为我们的学习讨论操心，有老大哥的风范。

3

这就是我们支部的同学们。大家来自祖国各地，有的主政一方，有的分管一条战线，有的执掌国企，有的署理司法。有各单位的"班长"，多数为班子成员。可以想到，在工作环境中，在同事眼里，这其中的大多数，可能都是正襟危坐、不苟言笑，严肃有余、活泼不足的。在党校，一帮四五十岁的中年人，学得那么刻苦，练得那么积极，聊得那么开心，全无暮气，像孩童般生机勃勃。

这两个侧面，都是真实的，绝不是"装"。在单位，肩负重任，胸怀重托，加班加点都是家常便饭。轮到我值班那天，一睁眼，想的就是还有一块块空白的版面，需要我和同事们填满，而且还要尽可能让读者觉得好看。我想，这帮同学跟我都差不多，各自都有需要操心的工作，而且，他们的工作更为重要、更为繁忙，自然压力更大。挑着上百斤担子赶路，还要求他们一路喜笑颜开，蛮难的。

我们这个年纪，不比年轻人那样精力充沛，不及老同志们经验纯熟，好在兼顾了二者的部分优势。身处不同岗位，上有老下有小，阅历积累，能力积聚，于公于私都还是想干点事、想干成事的。往大了说，这是对党和人民事业的责任感和使命感；往小了说，也是为了个人的尊严。组织上把你放在这个岗位上，你不干出点道道来，让人看扁了，表面抬着你，背后踩乎你，自尊心是受不了的。只有好好干！必须好好干！

每个人都活在不同的语境中。来党校学习，与单位大不同。无案牍之劳形，有笔墨之雅韵，甚为难得。中央不断加强政治纪律建设，同学之间更加纯粹，彼此学学相长，交流思想，分享体会，携手锻炼，忙得不亦乐乎。

同学们的肺腑之言，可见忠诚；同学们的拳拳之心，付诸实践。作为一个媒体人，作为社会现实的观察者和记录者，看着身边这群生动活泼的人，这群摩拳擦掌的人，这群怀有理想主义的实践者，这群可以称得上中坚力量的人，甚觉鼓舞和感奋。这个时代塑造了他们，他们也在塑造这个时代。

4

舆论容易对某一个群体、某一类项事物进行标签化。比如，至今仍然被很多不明真相的人信以为真的"我爸是李刚"事件，成了一个标签，契合并加剧了社会中弥漫的"仇官"情结。一听说当事人是个"官"，舆论关于"官员"的所有负面印象立刻就被调动起来。

千人千品，万人万相。用某些个体的特征指代整个群体，从哲学层面来看，这显然混淆了一般性和特殊性的关系。仇官仇富，原本事出有因，简单地批评这种现象，有失公允。但是也必须看到，个别官员或个别富人的过错或罪责，最终却要由所有官员和富人跟着一起买单，显然也是有失公允的。

我身边的这30个"官员"样本，从统计学意义上说，似乎没有什么说服力，但他们却是鲜活的、生动的、立体的。他们至少可以说是中国"官员"群体的一个缩影，他们身上迸发出的党性立场、为民情怀、创业动力、勤勉学风、踏实作风，给我留下了深刻的印象。关键是，大家都是同学，都是率性流露，没有谁有必要"做"给我这个媒体人同学看。我们不能以偏概全，用一棵树指代森林，但是，森林也是由每一棵树木组成的。

套用傅立叶的那句名言：党校学员学习的程度是衡量执政能力的天然尺度。还可以说，党校学员的思想和实践能力，必将成为执政兴国的磅礴动力。

你我就是那一片雪花

◎ 2018 年 10 月 22 日

1

网谚有云，贫穷限制了我们的想象力。或曰，位置限制了我们的想象力。

谢春涛副校长花了两个多小时，作了一场报告，从十个方面，总结了违纪违法中各干部忏悔录的启示。听完，首先想到了这句网谚。

很难理解，那些贪腐官员令人匪夷所思的言行：都从基层干起，大多数也是苦出身，为什么位高权重了，就变得找不着北，奋斗这么多年，最终身陷囹圄，图个啥？都是受过良好教育的，起码的知识水平总该有的，怎么就迷信风水、迷恋大师，装神弄鬼、烧香拜佛，竟然以为把单位大院改个门，就能保佑自己升官发财？退一万步说，信奉人为财死、鸟为食亡，也就罢了，怎么就那么欲壑难填，收的赃款足以烧坏若干台点钞机，平日里却只能脚穿布鞋、粗茶淡饭，不能也不敢露财，装穷、装廉洁，难道看一眼、摸一下那一沓沓钞票，就能神清气爽、脚下生烟？

很难想象，那些贪腐官员假装若无其事的日常：明知道"手莫伸，

119

伸手必被捉"，一旦贪了赃、枉了法，到底是欣欣然洋洋自得，还是戚戚然惶惶不可终日？低三下四、"委曲求全"，四处搭天线、搞攀附，就算真的谋得一官半职，是不是也心里不踏实，生怕来得容易去得也快？眼看着一个个腐败分子被绳之以法，就连"刑不上大夫"的侥幸也已破灭，是不是整日辗转反侧、生不如死，直到靴子终于落下，才能获得解脱？

很难接受，那些贪腐官员宛若大彻大悟的忏悔：动不动就"我是农民的儿子"，农民何罪，要受此牵连？有时又痛哭流涕——"我放弃了世界观的改造，境界还不如普通群众"，群众何辜，要遭此污名？

看着整天吃香的、喝辣的，实则终日吃不香、睡不好，这么活着，不累吗？

2

这些干部因为腐败问题，受到党纪国法的惩处，社会公众拍手称赞。但是从他们的忏悔中也能听到一种声音，社会上有一些人也为之附和，那就是——这些干部是为情势所迫，臣服于环境，迷失了自我，放任自流直至腐化堕落，是不良政治生态的牺牲品。

看似有些道理！正所谓"人在江湖，身不由己"！

比如溜须拍马吧。"领导没讲我先讲，试试话筒响不响；领导没尝我先尝，看看饭菜凉不凉。"听上去有些夸张，却活灵活现地描述出了逢迎拍马的官场坏习气。权力是一种稀缺资源，在它的周围，总会聚集起一些"忠实"的拥趸，有的是对权力有所求，有的是对权力有敬畏，还有些纯粹是"习惯成自然"。

正是诸如此类的溜须拍马，惯出了部分干部的"官场毛病"，也异化了一些地方的政治生态。在这样的生态中，别人都这样做，你不这样做，你还怎么混，你不怕被穿小鞋？

实事求是地说，不是所有人都喜欢别人对自己逢迎拍马，甚至有人对此还心存警惕和反感。但是，伸手难打笑脸人。随着时间的推移和环境的浸染，一些干部在不知不觉中放松、放任直至放纵，从心有抵触到见怪不怪，从半推半就到欣然接受。最终，对各种恭维体贴话很是受用，对各种可心周到的特权服务心安理得，对各种巴结奉承习以为常，没有了反倒觉得少了点什么。

上有所好，下必趋之投之。一些人瞅准了这一点，仰领导鼻息，看领导脸色，往往领导一个眼神就能"心领神会"，极尽逢迎拍马之能事，甚至只要领导高兴，不惜说违心的话、干昧心的事。在相互需要的情境中，在心照不宣的氛围里，双方一拍即合，各取所需。

拍与被拍，一个逆心而为，一个顺意而享，勾连其间的，是权与利的博弈。一些人把逢迎拍马视作"登龙术"，或自轻自贱、卑躬屈膝，或巧言令色、阿谀奉承，甚至为了攀龙附凤，不惜出卖人格、任由驱使。一些干部面对逢迎拍马，则像是被灌了"迷魂汤"，尽管囿于身份和场合，不得不正襟危坐、义正词严，却在晕晕乎、飘飘然之际，自高自大、骄傲自满情绪悄然滋长，唯我独尊、自以为是的心态逐步养成。更有甚者，无视党纪国法，僭越原则底线，滥用自己手中的权力，投桃报李，腐化堕落。

在这样一种异化了的同志关系中，肝胆相照早成奢谈，忠言诤友不见踪影，久而久之，形形色色的关系网越织越密，方方面面的潜规则越用越灵。本该干干净净的从政环境，变成了利益交换、各取所需的交易市场；本该清清爽爽的同志关系，沾染了人身依附、相互利用的市侩习气。

3

　　曾经看到一名腐败官员的忏悔之辞，似乎道出了个中真谛：被哄着捧着的"美好感觉就像鸦片一样，让我上瘾"。可见，不管是拍别人还是被人拍，扭曲的都是人性，戕害的都是党性。

　　这么看来，被扭曲、颠倒、混乱的政治生态包围，想要"出淤泥而不染"，真的是太难了！问题在于，这样的政治生态是如何形成的，只是因为一把手专权、因为领导大发淫威吗？不能不说，一个单位的一把手，一个单位的领导班子，对于单位的政治生态起着重要的引领和导向作用，但是这绝不是全部！

　　雪崩时，没有一片雪花是无辜的。

　　环境能够影响人，但人也能够影响环境。就政治生态而言，每个干部又都是这个生态环境的一部分。身处不良政治生态中，你被生态改变，这个生态就会恶化一分；你抱定操守，这个生态也就变好一分。不良环境能否真正改变自己，主动权其实永远在自己手里。关键就看你是随波逐流，还是信念如金。

　　有部电视剧，女主人公有一段面对犯人的经典演讲："出身如何如何、缺少关爱、被社会抛弃了等，都是些让人厌烦的借口。就算在和你们同样的环境里，不，就算是命运再残酷，大多数人也绝对不会去犯罪，绝对不会去伤害别人！去欺骗！去掠夺！去杀人！绝对不会！"

　　东汉时期，一次赴任途中，杨震过去举荐过的秀才王密深夜造访，馈以重金，并且表示："现在已是晚上，没人会知道。"杨震说："天知，地知，我知，你知，怎么能说没有人知道呢？""杨震四知"一直被后人视为"慎独"的典范，昭示的正是敬畏的力量。

　　明朝方孝孺说："凡善怕者，必身有所正，言有所规，行有所止，偶有逾矩，亦不出大格。"封建士大夫如此注重操守品行，给了我们许多启示。传统文化中的精华部分，常常可以让我们汲取力量。

心有敬畏，行有依归。有敬畏心，才能坚守正道、襟怀坦白，堂堂正正、清清爽爽。反之，心无敬畏，有若堤溃。内心的闸门一旦被撞开，则势必浊浪斜出、恶水横流。

4

小平同志多次严词告诫：不能把党内同志之间的平等关系，变成旧社会君臣父子关系、猫鼠关系、帮派关系；党的十八大以来，习近平总书记更是多次强调要"营造党内民主平等的同志关系"。这些要求，是由我们党的性质决定的。这也是我们坚守自我的底气，也给了我们拒绝与不良政治生态同流的勇气。

孔子有云："君子有三畏，畏天命，畏大人，畏圣人之言。"今天，无论是谁，都至少应敬畏三样东西：法、理、情。现在有一些人，官大了、经手的钱多了，就变得不知天高地厚，法纪、常理都毫不顾忌，亲情也异化、扭曲成赤裸裸的利益关系。还有一些人，看到别人当官了、有钱了，就慌了心神、乱了方寸，法纪的约束甩到了一边，常理的濡染抛到了脑后，亲人的劝诫也成了耳旁风。

太多的教训表明，不畏法纪，不重常理，不敬亲情，必然乱心智、弃操守、纵欲念，最终底线失守、人格沦陷，影响了事业，毁了家庭，也害了自己。

政治生态不佳，不是自甘堕落的借口，更不是可以腐败的理由。做人的底线，为官的本分，工作与生活的最终目的，都是值得叩问心灵的严肃问题。身上捆着名缰利锁，脑中想着进退留转，眼里盯着功名利禄，就容易翻船落马。与其出事之后怨这恨那，不如静一静、想一想，贪欲因何而起，心门缘何洞开？

5

其实，与其抱怨政治生态，不如扪心自问，自己是一片怎样的雪花？不良政治生态，也许会一时猖獗，也许会让一部分正直的人苦不堪言。但是，天道伦常，总有它汹涌向前的逻辑：宵小得一势终难欺世，君子失一城亦可立名。

网谚还有云：出来混，迟早是要还的。

文化力

◎ 2018 年 10 月 24 日

1

进入"习近平新时代中国特色社会主义思想"研习单元，对授课有一个比较突出的感觉——归纳总结多，提炼升华少；照本宣科多，阐释生发少；交叉重复多，自成一格少。总的看，老师讲得放不开，同学听得不解渴。

可能有几个原因。一是因为"习近平新时代中国特色社会主义思想"这个体系内涵丰富，并且还在进一步发展和完善中，是正在进行时，理论教学和宣传都需要有一个学习、消化、转换的过程。二是因为我们都是"剧中人"，正在携手书写历史，如果由我们自己解读"当代史"，难免拉不开视域，缺少必要的沉淀。三是技术层面的原因，因为"习近平新时代中国特色社会主义思想"是学员们都在学习贯彻的马克思主义中国化最新成果，学习成效参差不齐，老师的确不好把握教学的深浅。

同学们课余聊天时说，马列经典原著平时读的少，比较难啃，所以老师的导读听起来觉得新鲜，觉得有用。"习近平新时代中国特色

125

社会主义思想"单元,诸多内容都是我们正在做的事情,大家比较熟悉;各自工作领域内的相关内容,大家更是深有感悟,有丰富的实践工作经验,所以老师讲课满意度的阈值相应提高。

这也是有道理的。

2

与之有些矛盾的是,涉及自己工作领域的课程,往往兴致又更高。比如今天,张军教授对"习近平新时代中国特色社会主义思想"有关文化建设一系列重要论述的阐释,大家就听得很认真。听完觉得,对于全面、系统、深入地理解文化自信、文化道路、文化强国、文明互鉴和意识形态工作,有了新的启发和收获。

"落后就要挨打,贫穷就要挨饿,失语就要挨骂……'挨骂'问题还没有得到根本解决。争取国际话语权是我们必须解决好的一个重大问题。"张教授引用的习近平总书记的这番话,当然是面对全党说的,但是身为媒体人,特别是一名身处国际舆论斗争前沿的媒体人,尤其感同身受。

在全球化时代的国际竞争中,国家形象的战略地位被凸现出来,国家形象的塑造与传播也被提到国家战略的高度来认识。在国际舞台上,良好的国家形象是一个国家的重要战略资源,有助于形成良好的国际舆论环境,提升国家的国际地位,增强国家的对外交往力量以及在国际上的发言权和影响力。但是,中国在世界上的形象很大程度上仍是"他塑",而非"自塑",常常处于有理说不出、说了传不开,上得了天、落不了地的境地。

新中国成立以来,中国在西方世界的形象始终起伏不定。很长一段时间,中国在西方世界眼中,就是集权与暴政的化身,是一副"邪恶"

的形象。中国改革开放之后，西方主流媒体试图改变西方的中国形象，甚至强调中国在不久的将来可能成为西方阵营的一员。但是，这股中国形象的"小阳春"气候，在20世纪80年代末又急转直下。"中国崩溃论""中国崛起论""中国威胁论"开始甚嚣尘上。

进入21世纪，西方的中国形象变得更加立体，不再是简单的好与坏。西方不得不承认，没有中国，很多事情将无法办成。在西方主流的声音中，"中国责任论"取代了昔日的"中国威胁论"，但这其中夹带的私心，又是必须警惕的。在这漫长的变化中，西方人心目中呈现的中国形象很大程度上是他们"认为的"或是"想看到的"，与"实际是怎样的"不仅不是一回事，而且很多时候还有非常大的出入，甚至存在强烈的"反差"。

中国实现和平发展，主要靠自力更生、艰苦奋斗，同时也需要有一个良好的国际环境，否则，中国的发展就会被非议、诋毁甚至是舆论围剿拽住手脚、牵扯精力。这必然会导致发展阻力加大、发展成本增加、发展速度减缓。现在的问题是，中国经过多年的艰苦奋斗，政治、经济、文化、社会等各方面都取得了举世瞩目的成就，但是中国的国际话语权并没有随之同步提升。

3

过去，中国对于文化软实力的作用没有给予应有的重视。长期以来，我们高度关注经济规模和军事力量等硬力量指标，而忽视了人口素质、国家形象、传播能力等"软指标"。"硬实力"的增长虽然可以提升国际地位，但如果没有"软实力"带来的亲和力和外界的理解，特别是对我国这样一个曾长期封闭的国家来说，西方世界受冷战思维影响，对我心存戒备甚至敌意，国际生存环境更为复杂。

在这样的国际环境和现实困境中，要塑造和展示我们的文明大国形象、东方大国形象、负责任大国形象、社会主义大国形象，用任重道远来形容，似乎都不足以展现切肤之痛。但这就是我们文化建设的现实，更是我们必须突破的瓶颈。

谈及文化强国思想，在梳理了改革开放以来我国文化领域若干次大讨论之后，张教授对大众文化与价值观的相辅相成进行了较为详尽的阐述。他提的三个问题，有现实针对性和鲜明时代性。

——"市场化、产业化"与"主旋律"如何共赢？

——"大众化"与"化大众"如何平衡？

——"微时代"的文化诉求与"大时代"的文化使命如何对接？

如张教授所言，文艺、影视、报刊等大众文化产品是满足广大人民群众文化需要的主要形式，也是塑造价值认同、扩展文化影响力的重要载体。大众文化不像政治说教那么严肃，却比政治说教更有力量；不像思想理论那么深刻，却比思想理论更有受众。它和风化雨，润物无声，渗透了大众的精神生活，潜移默化地改变了人们的价值认同。

但是，这又是一把双刃剑。大众文化的崛起，既可能让主流价值观找到更为坚实有力的传播载体，又可能让主流价值观面临被解构、去崇高的风险。张教授的"三问"，我想，应该是出于这样的忧虑和现实的追问。他给出的建议方案是：一主多元，和而不同；融通中西，推陈出新。这是有道理的，但是落实起来，也是很难的。

4

美国大众文化的流布，以好莱坞电影为代表，对于其价值观的输出，产生了突出作用。据统计，美国影片产量占全球影片总量的 6.7%，却占据全球总放映时间的 50% 以上。

针对"美国大片"、各种"休闲文化"，古巴共产党已故领导人菲·卡斯特罗曾说：

"电视的所有宣传，加上从这里到那里的汽车，再加上所有人种的漂亮极了的女人同汽车一起做广告，还有你们在一些休闲和消费杂志上看到的商业宣传，这些都会诱惑我们的同胞。"

"在我们这些国家的任何一个首都的大街上，叫花子也看这种杂志，它向他们展示豪华的小汽车，伴有女郎，甚至还展示游艇或诸如此类的东西，不是吗？他们就用这些宣传使人们慢慢中毒，以至于连叫花子都残酷地受影响，让他们做他们达不到的资本主义天上的梦。"

约瑟夫·奈曾直言不讳地指出，流行文化的吸引对美国获取冷战的胜利做出了贡献，因为"由苏联国家机器开展的宣传和文化项目在灵活性和吸引力尚无法与美国商业流行文化的影响并驾齐驱"，而柏林墙早在1989年倒塌之前就被西方的"电视和电影凿得千疮百孔"。

对于美国大众文化的影响，我们需要保持警惕。对于美国大众文化所以能够发生影响的原因和运行机制，我们需要认真研究。

5

这又涉及另一个重要议题——意识形态工作。意识形态斗争是客观存在的。只要国际上存在不同的社会制度，国内存在不同阶级、阶层，就会存在意识形态斗争。我们认为，西方国家"西化""分化"我国的图谋一直都未消退，这是一个严肃的理论判断和现实总结。但是，并不是所有人对此都有清醒认识。一些网民，包括一些非意识形态工作领域的同志，对这种说法"嗤之以鼻"，甚至嘲讽这是"被迫害妄想症"。

从这个意义上说，面临意识形态斗争，甚至是激烈的意识形态斗争，不可怕；轻视甚至无视意识形态斗争的存在，才真的可怕。

还是需要重温一下马克思的话："统治阶级的思想在每一时代都是占统治地位的思想。这就是说，一个阶级是社会上占统治地位的物质力量，同时也是社会上占统治地位的精神力量。支配着物质生产资料的阶级，同时也支配着精神生产资料。"

目前以及未来相当长的一段时期内，全球化都还将是资本主义占主导地位的全球化。相应地，资本主义的制度理念、意识形态及生活方式，都将以前所未有的规模与方式向全球蔓延。社会主义中国不是生活在真空当中，具有强烈的资本主义意识形态性的全球化浪潮，将是我们面临的一个长期的、巨大的挑战。

东欧剧变后，西方国家在社会主义运动处于低潮的形势下，开始把中国视为"头号敌人"，试图借中国发展市场经济之机，"把中国拉回到世界大家庭中来"。意识形态斗争并没有随着东欧剧变而减缓，反而随着时代和技术的发展，变得更加复杂，也更加激烈。总结起来，意识形态渗透的形式更具迷惑性，渠道更具多样性，手段更具现代性。

6

"我们在集中精力进行经济建设的同时，一刻也不能放松和削弱意识形态工作。在这方面，我们有过深刻教训。一个政权的瓦解往往是从思想领域开始的，政治动荡、政权更迭可能在一夜之间发生，但思想演化是个长期的过程。思想防线被攻破了，其他防线就很难守住。"习近平总书记的提醒，还是需要好好铭记，尤其那些对意识形态工作有认识偏差的同志，更应该仔细斟酌。

长期在宣传思想战线工作，长期关注和研究舆论安全问题，我总觉得，总书记上面这段话，沉甸甸的，背后是血与火、泪与痛！

历史没有终结

◎ 2018 年 10 月 27 日

1

听课中，日裔美籍学者福山的名字被不同的老师屡屡提及。他的"历史终结论"久负盛名，奠定了他在学术领域的地位。在他看来，苏联解体，东欧剧变，冷战的结束，标志着共产主义的终结，历史的发展只有一条路，即西方的市场经济和民主政治。

每当看到这样的宏论，我就会想起白宫门前那位苍老的妇人。

2

2010 年，我随团出访美国。去美国，肯定要去看看大名鼎鼎的白宫；去白宫，肯定会遇见美国妇女康塞普姗·皮乔托。彼时，她已经与白宫"比邻而居"30 年。这位出生于西班牙的老人，带着对美好生活的向往，于 1964 年来到美国寻梦。家庭生活的噩梦，将她拖进了厄运的深渊。她被丈夫数次送进疯人院，受尽精神和肉体上的摧残。最后她失去了女儿，失去了工作，失去了家。

她找到州议员，请求保护她的人权，但议员像躲瘟神一样躲着她。她也曾经寻机面对卡特总统高呼："总统先生，请您救救我吧！"然而总统看都没有看她一眼，第一夫人回头看了看，但只说了三个字："很抱歉！"警察以扰乱治安的罪名将她抓走，一阵拳打脚踢后，又强行将她押入警车，送进疯人院。

一次次争取人权的努力，却以人权一次次被侮辱而结束。皮乔托最终彻底绝望，她终于明白，那些满口人权的政客们，根本不关心她的人权。但是她没有选择放弃，而是选择了抗争，持之以恒地抗争。从1981年8月1日起，皮乔托在白宫对面开始了马拉松式的抗议活动，控诉政治的肮脏和政客们的伪善。

一块白色的塑料遮雨布搭成的帐篷以及少量的生活必需品，构成了皮乔托的家。这么多年来，她就在这里对抗着严寒、酷暑、狂风、暴雨以及警察时不时的骚扰，甚至为了规避警方"此处只允许抗议示威，不允许野营"的规定，她每天都是斜倚在标语牌前，坐着睡上三四个小时（如果她躺下睡觉，就算野营，警察就会将她抓走）。

2016年1月25日，这位老太太走完了她的人生历程，也就此结束了她在白宫门前35年的坚守。35年来，她在风雨中迎来又送走了5位美国总统，她的容颜渐渐老去，但是她一直坚守在那里，延续着美国历史上持续时间最长的无间断抗议。

在很多人眼里，皮乔托与白宫的"划街而治"，是美国自由、民主、人权的真实写照。这看似挺有道理，在白宫这样一个威严不可侵犯的政治重地，一个手无寸铁、瘦小羸弱的妇女可以在这里安营扎寨，长年累月地向来自世界各地的人们宣传和平理念，控诉美国没有正义、没有民主、没有人权。这难道不是美国民主、人权的最佳注脚吗？难道不足以让人们为之钦羡、仰慕吗？

但是，了解了皮乔托的经历后，人们恐怕就不会草率地得出这样的结论。且不论 30 多年来，她究竟有多少次被警察逮捕、殴打、砸毁标语牌，她不得不一次又一次进入国会和法院，为捍卫宪法赋予她的抗议权而斗争。即便她真的可以在民主、人权的庇护下自由地向白宫叫板，30 多年的风雨，也已经足以把民主的颜色淘洗至苍白。

历经 30 多个春夏秋冬，白宫大院花开花落、人散人聚，皮乔托以民主和人权的名义守望白宫，却始终没有一位白宫的主人走过街来和她握个手，说句话，与她一起诠释、甚或是秀一下美式民主。

民主，就是让人民做主，其重要内容当然包括人民的表达权利和言论自由。

如果当权者对民意置若罔闻，你姑妄说之，我姑妄听之，那么，这样的权利和自由除了抽象层面的形式意义，又有什么真实效用呢？这就是被一些人奉为圭臬的美国民主吗？

3

当福山言之凿凿地认为，历史将终结于"民主政治"，按照他的语境，这里的"民主政治"，显然指的就是"西式民主"。如果历史真的要终结于这样的民主，岂不让人觉得凄冷和绝望？

一位学者，能够在历史演进过程中，特别是在历史即将出现重大变迁之际，言人之未言，展现出洞见，声名鹊起是对他最基本的褒奖。福山得到了他应有的犒赏。但是，历史的深邃在于，它给你一个窗口，让你有可能猜到序幕，却又在后面加上一道道屏风，让你猜不到结局。

所以，"历史终结论"受到了历史的挑战。

2015 年 11 月 4 日，福山在清华大学发表演讲，说了一番具有历史唯物主义和辩证唯物主义色彩的话："政治的发展永远是进行时，每种制度都需要演变，没有一种是放之世界都正确的制度，因为世界变化很快，国内国际形势都如此。政治体制也需要演变。"

福山是否扭转了自己的学术观点，单凭这样一段话难以定论。但是现实，或者说，中国发展的现实，正在以雄辩的姿态，终结"历史终结论"。

辩证唯物主义认为，物质决定意识，意识对物质具有能动作用，发挥主观能动性必须以尊重客观规律为前提和基础。"一个国家的政治制度决定于这个国家的经济社会基础，同时又反作用于这个国家的经济社会基础，乃至于起到决定作用。"

这说明，没有放之四海而皆准的制度，因为没有一种制度可以脱离它赖以孕育和成长的土壤，所谓南橘北枳。将某一种制度定于一尊、奉为圭臬，理论上是荒谬的，实践中是有害的。

但是，这样的制度迷思仍然有一定的顽固性。由多党制、普选、三权分立等要素构成的"西式民主"，被认为是"普世"的政治制度，"普世"之外皆非民主。

对此，习近平总书记的话可谓是最好的回应："我国的实践向世界说明了一个道理：治理一个国家，推动一个国家实现现代化，并不只有西方制度模式这一条道，各国完全可以走出自己的道路来。可以说，我们用事实宣告了'历史终结论'的破产，宣告了各国最终都要以西方制度模式为归宿的单线式历史观的破产。"

实践是最好的证明。中国走了一条不同于西方制度模式、具有自己特色的发展道路，取得了一系列举世瞩目的历史性成就。从反作用于经济社会基础的角度看，恰恰说明，这个制度是与经济社会基础相协调、相促进的。

4

现实也对西方制度模式的至高无上进行了证伪。在一定的历史阶段，西方的"民主攻势"进行得顺风顺水，没有遇到什么麻烦和挑战。这是福山"历史终结论"的底气。

但是，现实越来越清晰地表明，西方国家在经济全球化浪潮中攫取了更多利益，奠定了繁荣基础。与其说民主、自由、人权推动了西方社会的繁荣，不如说西方社会的繁荣为其民主、自由、人权提供了物质前提。发展中国家照搬西方民主制度并不能带来社会的繁荣，西方社会的繁荣也不是依靠其民主、自由、人权，而是依靠不平等的国际政治经济秩序，依靠对其他国家的剥夺。

举世闻名的华尔街位于纽约曼哈顿区南部，全长不过500多米，宽仅11米。1792年，荷兰殖民者为抵御英军侵犯而修筑了一堵土墙，后沿墙形成了一条街，名为"墙街"（Wall Street）。土墙后来拆了，但"墙街"（华尔街）的名字却留了下来。

华尔街是美国大垄断组织和金融机构的所在地，集中了纽约证券交易所、美国证券交易所、投资银行、政府和市办的证券交易商、信托公司、联邦储备银行、各公用事业和保险公司的总部以及美国洛克菲勒、摩根等大财团开设的银行、保险、铁路、航运、采矿、制造业等大公司的总管理处，是美国乃至世界的金融和证券交易的中心。

华尔街之所以闻名于世，自然有它的道理。一场世界金融危机，让人们真切地体会到，华尔街的一只蝴蝶煽动一下翅膀，一场波及广远的金融海啸就会席卷全球。这种巨大的能量，与这条乏善可陈的街道之间形成了强烈的反差。就如矗立在街角的纽约证券交易所一般，外表中庸、无甚特色，但这里发出的股市信息却会迅速影响全球。

几年前，站在华尔街街头，看着街道两旁的窗口，我想，也许在那背后，华尔街的高管们正喝着香浓的咖啡，看着闪烁的屏幕。他们的指尖在键盘上轻触几下，就可能撩动世界金融业的神经……

当前，政治极化导致治理困境，两党恶斗频现财政悬崖，老牌政党组阁艰难，民粹主义泛滥，极右政党坐大，分裂主义抬头……西方国家正面临的一系列挑战，使其在抽象层面讨论民主、自由、人权时的傲慢，被现实冲击得越来越没有底气。其根本原因在于，国际政治经济秩序的深刻变化，逐渐削弱了西方国家用过去那种巧取豪夺的方式支付其民主制度成本的能力。

一正一反两种状况，启示我们深入思考：不论是西方制度模式，还是中国特色社会主义，哪些是人类制度文明的共同追求，需要进一步继承和发展；哪些是人类制度探索的地方性记述、局部性概括、阶段性总结，需要根据各自国情和时代需求，因地制宜、因时制宜地扬弃和实践；哪些是人类制度建设的迷思和误区，需要结合已被实践证明了的成功经验，大胆地破除和厘清。

我们应该秉持客观公正，从中西制度模式对各自国情的适应性上，从各自制度顺应时代发展的合理性上，从各自制度解决各自国内外矛盾的有效性上，进行分析比较，最终得出结论。

5

这样的比较，不是为了在中西制度模式之间分出个高下、比出个优劣来，而是为了进一步深刻把握共产党执政规律、社会主义建设规律、人类社会发展规律。这体现了中国的格局和气度，一个积极倡导构建人类命运共同体的国家，就该有这样的格局、有这样的气度。

我们说，中国特色社会主义道路、理论、制度、文化不断发展，拓展了发展中国家走向现代化的途径，给世界上那些既希望加快发展又希望保持自身独立性的国家和民族提供了全新的选择，这并非要输出所谓"中国模式"，我们更不会志得意满甚或得意忘形地表示，历史将终结于"中国模式"。历史没有终结，也不可能被终结。

中国特色社会主义政治制度是中国共产党和中国人民的伟大创造。就人类制度文明而言，这个伟大创造，破除了制度迷思，贡献了中国智慧，拓展了实施路径。我们既要通过实践，把我国社会主义民主政治的优势和特点充分发挥出来，也要进行理论总结，为人类制度文明建设做出充满中国智慧的贡献！

陈曙光教授在概论"习近平新时代中国特色社会主义思想"时，指出哲学社会科学要善于设置议题，提出标识性的讨论。在哲学社会科学领域，许多重要概念被西方占得先机，我们没有定义权和解释权。那么，在研究和阐发中国制度模式的规律性认识方面，我们能不能有所作为呢？

我觉得，理所应当，得天独厚，事在人为！

社会转型的活力与秩序

◎ 2018 年 10 月 29 日

1

今天的课，讲社会建设。这个话题，也不好讲。比起政治建设、经济建设、文化建设来，社会建设离老百姓更近，更直接，更具体，更有参与感和获得感，也更有痛感。如果说，我们是时代的"剧中人"，在社会建设领域，我们都不是围观的"吃瓜群众"，我们都"入戏很深"。

梁波教授简要梳理了中华人民共和国成立以来中国社会建设的基本轨迹：

——从严重缺位到加速推进

——从日常工作到制度建设

——从结构性失衡走向协调并进

——从基本生活改善到全方位提升

——从以物为本走向以人为本

党的十六大，提出"社会和谐"的概念，这在党的历次代表大会报告中是第一次。此后，十六届四中全会将"构建社会主义和谐社会"提到执政的高度。十六届六中全会将"社会和谐"作为中国特色社主义的本质属性。党的十七大将"和谐"纳入党在社会主义初级阶段的基本路线，提出"把我国建设成为富强民主文明和谐的社会主义现代化国家"，并首次用一个专门章节，对社会建设进行全面部署。党的十八大从六个方面，对社会建设进一步完善布局。

社会建设作为国家的宏观战略选择，是新时期的国家治理共识。"习近平新时代中国特色社会主义思想"关于社会建设的一系列重要论述，梁教授从八个方面概括为"八论"：人民中心论、民生目的论、治理创新论、协调并进论、补齐短板论、精准扶贫论、获得论、共建共治共享论。循着这些纲目，有助于对社会建设的任务、性质、目标、路径、方法等问题的理解和把握。

2

当今世界正在发生广泛而深刻的变化，当代中国正在发生广泛而深刻的变革。这是加强社会建设的世情、国情背景，我们正面临社会转型带来的严峻考验。人类社会总是处于永不间断的变化发展之中，但并不是说，人类社会总是处于转型之中。"只有那些涉及社会各个领域、各个层面的带有根本性的全面变革，才能被称作社会转型。"

1978 年，我们党召开具有重大历史意义的十一届三中全会，开启了改革开放历史新时期。自那时起，当代中国"拉开了社会转型的序幕"，我国成功实现了从高度集中的计划经济体制到充满活力的社会主义市场经济体制、从封闭半封闭到全方位开放的伟大历史转折。空前的社会变革给我国的发展带来了巨大活力，也必然要带来这样那样的矛盾和问题。

改革开放以前，由于受"左"的路线的干扰和影响，我们偏离了以经济建设为中心的轨道，国家经济实力不强，人民生活水平也很低。

党的十一届三中全会确定把全党的工作重点转移到经济建设上来，反映了全国人民的共同利益和一致愿望，受到了全国人民的衷心拥戴。盼望改革，拥护改革，这是改革开放以来最广泛的社会共识。经过40年的艰苦奋斗，我国经济从一度濒于崩溃的边缘发展到总量跃至世界第二，人们生活从温饱不足发展到总体小康，政治、文化、社会、生态各方面建设都取得了举世瞩目的历史性成就。

但是，社会转型必然会打破沿袭多年的传统和惯性，偏离原有的社会正常状态，从而增加许多的不稳定性，激化许多的矛盾和冲突。按照梁教授的概括，主要表现为：利益配置结构失衡、阶层结构分化迅猛、心理结构急需调整、组织结构不断更新。

毋庸置疑，改革开放的40年，是当代中国飞速发展的40年。但是也要看到，旧的经济、政治、文化、社会、生态问题还没有完全解决，新的问题又不断涌现，影响社会政治稳定的因素不是减少了而是增多了。我国社会主要矛盾已经转化为人民日益增长的美好生活需要和不平衡不充分的发展之间的矛盾。人们的现实需要和远景期待，同社会现实之间还存在相当的差距。

如果说改革开放初期，舆论还对未来满怀憧憬，处于一种兴奋状态的话，那么随着改革的进一步深入，触及人们的基本生活态度和现实利益，特别是出现了各种社会问题时，社会心理就会陷入一种茫然无措的状态，公众心态就"从最初的'兴奋'转向相对抑制的'迷茫'之中"。其后果，就是诱发社会情绪的非理性宣泄，引发各种反社会行为。

3

从社会学研究的角度看，在社会转型过程中，社会结构的耦合度不高，脆性较大，社会运行机制不稳定，处在不断转换的过程之中，这一时期的社会控制显得更为复杂，也更加重要。但恰恰在这个时期，由于社会结构变动加剧，社会价值观与社会行为方式也会随之发生变化，产生许多新的价值观和行为方式。这些新的价值观和行为方式，超出了原有社会规范的约束范围，因而出现没有相应社会规范约束的状况，即所谓的"规范真空"。

有学者认为，中国社会进入转型时期后，规范出现短暂的"休克""解组"现象，规范对调节社会成员行为与调节社会关系的功能在降低。这使得社会剧烈变迁中社会失范大量增长，计划体制社会下井然有序的社会秩序已经不复存在。计划社会中安分守己的"道德人""纪律人"，在市场社会中变成了不择手段追求物欲的"失范人""物质人"。

这样的论断是否全面、准确，值得商榷。但是时常见诸报端的实例，比如"霸座男""拦车女""扶不扶""管不管"，等等，的确让我们心生焦虑。

计划经济时代，以生产要素的公有制为基础，决策实行集权制或集中管理制，由中央计划来调节。政府因此获得了极强的控制能力，可以凭借指令性手段，动员人力物力财力，与此相联系，社会秩序完全依赖于行政能力的调节，社会自治和自主组织能力差，缺乏相对独立的私人空间和公共空间。社会秩序以巨大的代价来维持，社会活力也有下降的趋势。

进入新时期，必须要处理好效率与公平、活力与秩序、分化与整合的关系，转变政府职能、打破垄断行为、发展社会组织，建立健全现代社会治理格局，构建中国特色社会治理体系，推进社会治理现代化。

社会建设有两大根本任务：民生工作、社会治理。完善社会治理是为了保障民生，抓好民生工作又为完善社会治理提供物质前提和民意基础。梁教授对于民生问题做了这样的概括：民生是福利，民主是权利；民生＋民主＝中国民心；福利＋权利＝党的执政基础。

这个概括，简洁扼要，深中肯綮。

民生问题，是群众最大的现实问题。从根本上说，在建设中国特色社会主义的进程中，全国人民的根本利益是一致的，各种具体的利益关系和内部矛盾可以在这个基础上进行调节。

但是，当宏大叙事直面个体时，个体绝不仅仅是一个概率，而是这个概率中的一分子。住房、教育、医疗、食品安全等现实中的种种问题，对具体的一个家庭而言，是实打实、百分百的难题，让人们想来就百感交集。

马克思说过："'思想'一旦离开'利益'，就一定会使自己出丑。"毛泽东也说："一切空话都是无用的，必须给人民以看得见的物质福利。"所以，一打理论和政策宣示，都比不上扎扎实实地解决一个民生问题。这正是社会建设至为重要的意义所在。

比如"利益固化"问题。梁教授认为，利益固化将导致财富分配向上集中趋势（成果分配）和风险分配向下集中的趋势（成本分配），出现累积、转嫁、代际传递三大异常机制，进而使社会流动缓慢化，阶层凝固化。这样的后果就是社会失去活力。

这个问题许多新兴国家都有。从社会心理角度看，它关联着人们对未来的梦想，对国家的期待，如果处理不好，不仅影响社会整体活力，而且会挫伤民意，积累戾气，务须警醒！

4

从舆论工作角度看，社会转型时期，也是一个风险期。舆论对社会变动极为敏感，因此，社会转型期往往也是舆论传播活跃期，更是舆论冲突多发期。

有学者指出，最容易发生动乱的国家，不是那些最穷的国家，也不是那些已经比较富裕的国家，恰恰是一些由穷变富的国家。这些变化中的国家，由于变革速度过快，超出了社会承受力，往往导致社会动乱。

在社会转型时期，因社会问题集中爆发导致舆论茫然，因规范真空导致舆论分歧加剧，因利益主体多元导致舆论出现离心化、分散化倾向。这些问题都是需要高度重视并妥善应对的。

当然，也要两面看。一个社会当中，舆论之间有分歧是正常现象，而且恰恰是这些不同的声音，才有利于活跃思想，所谓兼听则明。但是如果舆论分歧严重，就会对舆论安全造成影响：一方面，这会加大舆论调控的难度和成本；另一方面，也容易激发舆论的离心运动，引发思想混乱，不利于人们的思想稳定，进而会严重影响社会稳定。

舆论分散化也是如此，它更能彰显和激发社会的活力与创造力，但是，舆论过于分散也必然会加大社会控制成本，一定条件下还会削弱甚至抵消社会发展的动力。这对于当前我国的发展是一个不能不高度重视并妥善处置的问题。

习近平总书记说，要处理好活力和有序的关系，社会发展需要充满活力，但这种活力又必须是有序活动的。

这对于舆论调控，也很有指导意义。

事实与价值的维度

◎ 2018 年 10 月 31 日

1

从小到大，我都不太会记笔记。翻看两个月来的笔记本，也是一笔糊涂账，每节课都记得支离破碎。若不借助老师们的 PPT，实在无法还原和复习。在笔记本上，我会打一些五角星提醒自己，这些都是当时令我有所触动和共鸣，让我想要思考和表达的内容。几位老师都曾提到，分析事物，有事实判断和价值判断两个维度。我在本上做了记号。

2

事实判断谈有无，价值判断论是非。二者相辅相成。

一方面，把事实判断和价值判断切分开来看，可以看清事实，避免价值先行、观点先行。事实是基础，把价值判断掺杂其间，容易不识庐山真面目，陷入认知困境。

比如，我们在社会主义建设的探索中，经历了"大跃进"、人民公社化运动，随后又遭受苏联逼债和三年困难时期，特别是发生了"文化大革命"这样全局性的、长时间的严重错误，前30年建设遭受重大挫折。谢春涛副校长之前在作《中国共产党的奋斗历程及启示》的报告时设问，为什么中国共产党犯过严重错误还能得到人民支持？其中一个原因，是犯错误期间也取得了重要成就，包括建立了国家工业现代化基础、"两弹一星"的突破、培养了一批人才、取得了外交上的成就等。

显然，错误是价值判断，成就是事实判断。如果把二者混在一起，就很难厘清成就与错误的关系，容易造成思想上的混乱。一位教授在讲课中说，"文化大革命"与"1966—1976年"是两个不同概念，前者要彻底否定，但不能以此否定后者，更不能用个人恩怨否定历史。我觉得，这样的划分，这样的结论，比较中肯。

有人会问，既然是事实，何须再作判断？其实不然。一来，受我们的观察、分析和思辨能力所限，眼见不一定为实，因此同为"事实"，但有真有假，需要审慎判断；二来，有的事实反映了主要矛盾或者矛盾的主要方面，可以揭示事物本质，有的则只是次要矛盾的展示，具有偶发性，不具规律性，对此也需要进行判断。

另一方面，把事实判断和价值判断统一起来看，可以价值观照，避免是非不分、善恶不分。价值是依归，脱离价值判断看事物，容易乱花渐欲迷人眼，堕入价值陷阱。

举个例子。2017年11月，我参加了第15届中日韩媒体三边交流会。在介绍我服务的媒体时，外媒常常要给我们打上"民族主义"报纸的标签。我在演讲时提醒在座的日韩媒体同行，请大家扪心自问，在涉及与本国利益紧密相关的国际问题时，有哪一家媒体能跳脱民族主义的窠臼？

各国媒体对于国家利益的理解各不相同，即便是同一国家内部的不同媒体，对于本国利益的理解也有差异。但是，当涉及本国与他国的双边或多边事务时，媒体几乎都会毫不犹豫地把本国利益放在首位，关于国际关系的大局观和方法论往往退居次席，甚至干脆就不予考虑。维护本国利益没有什么不妥，我们不能苛求任何一家媒体必须优先考虑国际主义。

这其实是一个基本事实，是每一家负责任的媒体都无从回避也无法克服的事实。但是，我们不能停留在事实判断层面，而是必须在这个事实基础上，得出基本的价值判断，就像同为战争，我们必须分清什么是为正义而战、什么是侵略战争一样。

为此，我在交流会上倡议，在事实上不可能摆脱民族主义的情况下，媒体如何引导民众在绝不放弃本国正当权益的同时，也不要以牺牲别国利益为代价来发展自己，这是一个必须解决好的问题。

作为外部世界的勾画者、重塑者，作为公众认知的供给者和引领者，媒体有责任以更高的视角把握时代，以更大的格局审视周边。联合国人权理事会第三十四次会议，首次将中国提出的"人类命运共同体"理念载入联合国人权理事会决议。这是对中国智慧的采纳与肯定，也为包括中日韩媒体在内的所有媒体观察、分析、呈现外部世界，提供了一个更广博的视角和格局。

简而言之，这才是所有媒体应该秉持的价值。

3

事实判断基于事实，事实就在那里，谁也无法回避。价值判断也理应基于事实，如果罔顾事实，歪曲事实，挑选事实，就会导致价值判断失真、扭曲、偏颇。价值判断先行，事实判断阙如，必然走向双重标准、唯我独尊。

10月27日，"改革开放与当代中国马克思主义——第十届中国特色社会主义论坛暨中国马克思主义论坛2018（秋季）"在党校举办。中国社会科学院副院长高培勇同志在演讲时说"中国改革开放的成功，背后的理论支撑，不可能从西方经济学中找到答案，西方经济学原产地都没能取得中国的成就，照搬过来能管用？也不可能从马克思主义经典作家那里找到答案，过去我们实行计划经济，还有苏联解体的经历，已经说明了一切。"

高副院长说，中国实践如果是成功的，那一定是我们做对了什么！现在，西方总认为我们做错了什么，我们非常有必要认真总结——我们做对了什么！

中国实践是成功的吗？多位老师从政治、经济、文化、社会、生态、法治等不同侧面，分别展示了中国这些年来的成绩单。单就减贫工作而言，中国对全球减贫贡献率超过70%。党的十八大以来，全国农村贫困人口累计减少6853万人。截至2017年末，全国农村贫困人口从2012年末的9899万人减少至3046万人；贫困发生率从2012年的10.2%下降至3.1%，累计下降7.1个百分点。

我国解决了十几亿人的温饱问题，总体上实现小康，不久将全面建成小康社会。现在全世界发达国家人口总额不到13亿，13亿多人口的中国实现了现代化，就会把这个人口数量提升一倍以上。

这些都是基本事实，是中国在自力更生解决自己问题的同时为世界做出的巨大贡献。任何人评判中国的改革开放，都不能脱离这个事实。

4

我们做了什么，是事实判断，中国实践的成功举世瞩目；我们做的对不对，是价值判断，我们认为中国走出了一条符合本国国情的正确道路。

　　但是西方似乎并不这么看。对中国的发展，西方颇多微词，甚而责难，各种版本的"中国威胁论"层出不穷。最新的说辞之一，就是"锐实力"。这个词最早出现在《澳大利亚金融评论报》2017年6月的一篇文章里。2017年底，美国国家民主基金会发布报告《锐实力：上升的威权主义影响》，"锐实力"一词开始在西方思想舆论界热炒。按照他们的界定，所谓"锐实力"，是"威权势力"采用"收买、审查、操纵、胁迫"等"非常规手段"对目标国家或群体施加影响。

　　"一带一路"倡议，是当今世界规模最大的国际合作平台和最受欢迎的国际公共产品，是习近平主席提出的人类命运共同体理念的生动实践，是中国致力于加强国际合作、完善全球治理的切实行动，是中国主动开放、扩大开放的务实之举。面对这样一个事实，西方也要以"债务帝国主义"等概念横加指责。

　　欧美一些政客的造词能力爆棚。美国前国务卿蒂勒森2月份访问拉美，在演讲中直指中国是"新帝国主义列强"。德国副总理兼外长加布里尔则称中国为"打桩者"，意指西方自由民主大厦正在摇晃，中国趁机打桩，提供另一种制度选择。澳大利亚前总理特恩布尔在指责"中国影响力正干预澳大利亚政治"时，则干脆用中文宣称"澳大利亚人民站起来了"。

　　从这些昔日列强的政客嘴里，听到"新帝国主义列强""澳大利亚人民站起来了"这样的说法，让人陡生拿错剧本之感，历史就像被置于一种滑稽的语境中，呈现着扭曲的身影。

　　陈教授在讲课中说，中国成功所导致的西方中心论的破产，是500年来西方第一次遭遇来自东方的制度和价值观威胁，也是"中国威胁论"的核心要义。

　　可谓一语中的！

美国民主基金会认为：中国打造"锐实力"，这是一把"能穿透文化壁垒，改变西方价值观的利刃"。"软实力"概念提出者约瑟夫·奈则表示："中国倡导的价值观、社会发展模式和对外政策做法，会进一步在世界公众中产生共鸣和影响力。"

这些话语间透露出的，是面对以往优势地位岌岌可危的失落，也有现实竞争压力不断加大的焦虑。但是从根本上说，都是撇开事实，直奔价值。或者说，价值先行，罔顾事实。

5

还会有人问，既然要作价值判断，就有一个判断标准的问题。谁来定这个标准，该如何确定标准？这个问题，既好回答，也难回答。好回答，是因为判断标准应该起码遵从两条——一是符合事实，二是符合规律。难回答，是因为不同的人，判定的事实难免存在差异，而对规律的认识，也会受到时空条件的限制。

唯一可行的办法，就是实事求是。

关于"普世价值"的争论，是这些年思想理论领域的一个热点。生活在同一个地球上的人类，在处理人与自然、人与社会、人与人之间的关系中不可避免地会碰到相同或相似的问题，从而产生一些共同的需要，形成一些共同的价值关系、价值追求和价值观念。看不到价值领域存在共同性，就无法解释人类文明纵向上的继承关系和横向上的借鉴关系。这本是一个近乎常识、无须争论的问题。

自由、民主、人权是人类共同的追求，也是人类在长期奋斗中共同创造的文明成果。但是，不同的阶级、不同社会地位的人们，对自由、民主、人权的理解和要求是不同的；不同的国家、不同的历史发展阶段，自由、民主、人权的实现形式和途径也各不相同，没有也不应该有统一的模式。

这些价值观原本需要根据各自国情，因地制宜、因时制宜、实事求是地落实，一些人却教条式地、机械式地甚至是别有用意地非要将其模式化，不按照他们认同的模式，就是自外于"普世价值"，几乎就要打上自绝于人类现代文明的标签了。

即便剔除醉翁之意不在酒的那部分动因，这也是一种只讲价值判断、不讲事实判断的谬误，堕入了唯心主义和形而上学的泥沼。

6

党的十九大报告指出，中国特色社会主义道路、理论、制度、文化不断发展，拓展了发展中国家走向现代化的途径，给世界上那些既希望加快发展又希望保持自身独立性的国家和民族提供了全新选择，为解决人类问题贡献了中国智慧和中国方案。

陈教授认为，这表明，中国向世界提供价值观，不提供价值观模式。

我觉得这是因为，中国既崇尚价值，也尊重事实。

韬光养晦与奋发有为

◎ 2018 年 11 月 2 日

中美贸易战还在绵延。前一阵，舆论场对《厉害了我的国》的揶揄具有较高的热度，学习期间也接触到类似的议论。有人认为，《厉害了我的国》这样的调子，与我们应该秉持的韬光养晦相左；正是由于没有继续保持低调，才引发了美国的警惕和戒心，导致中美贸易战的全面打响。

对此，不敢苟同。这也牵出一个重要议题：当下，中国是该韬光养晦还是该有所作为？如何韬光养晦或有所作为？

20 世纪 80 年代末至 90 年代初，由于国内政治风波的干扰和东欧剧变的影响，我国外交遇到了改革开放以来未曾有过的困难局面和压力。面对国际上的复杂情况，邓小平同志及时提出了冷静观察、稳住阵脚、沉着应付、韬光养晦、善于守拙、决不当头、有所作为等对外关系指导方针。

"韬光养晦，有所作为"，是邓小平外交思想的重要组成部分。从中国的外交实践看，这里的"韬光养晦"是指谦虚谨慎，不说空话，多做实事，不事张扬，不当头，不称霸。中国是个大国，是最大的发展中国家，当务之急是要埋头苦干，把自己的事情做好，认真地把中国的综合国力搞上去。

这些原则，至今还是应该牢牢记取，它不仅因应中国传统文化的教诲，也契合中国现实发展的需要。

但是，我们不能只讲"韬光养晦"，而不讲"有所作为"。不能强调前者，忽略后者，也不能突出后者，淡化前者，更不能将二者对立起来看。

几位老师从不同方面，给这个问题提供了思考路径。总起来看，辩证统一地把握"韬光养晦，有所作为"问题，需要清醒认识我们正面临的"百年未有之大变局"。

2

首先，中国面临的时代变了。

我们身处的时代，和平与发展仍然是时代主题。这个主题，受到多重因素干扰，包括霸权主义与强权政治，恐怖主义，核扩散——核恐怖主义，极端主义，民粹主义，冷战思维，文明冲突，权力政治思维，等等。但是，刘教授认为，这些因素都不足以对时代主题产生颠覆性影响。

当前，世界多极化、经济全球化深入发展，文化多样化、社会信息化持续推进。各国经济在全球范围内实现全方位的沟通、联系，各国的政治、文化、价值观念等因素逐渐融合与互动，原来局限于各个国家的活动、制度与观念因此得以冲破国界，具有了全球性特征。

正如习近平总书记所言，"这个世界，各国相互联系、相互依存的程度空前加深，人类生活在同一个地球村里，生活在历史和现实交汇的同一个时空里，越来越成为你中有我、我中有你的命运共同体。"

什么是全球化？刘教授引用了一段形象的描述：

一位英国王妃和她的埃及男友，乘坐一辆装着荷兰发动机的德国汽车，司机是一位喝多了苏格兰威士忌的比利时人，他们被一群骑着日本摩托的意大利狗仔队追逐，在法国的一个隧道里了生了车祸，抢救王妃的是美国医生，用的药产自巴西。

置身这样的时代，你中有我，我中有你，你离不开我，我离不开你。我们对韬光养晦的理解，必须解放思想、实事求是、与时俱进。

其次，中国自身的体量变了。

中国的总体实力，不再是改革开放前的小舢板，而已然是扬帆远航的巨轮。人均 GDP 从 1978 年的 160 美元左右，增长到 2018 年的 9900 美元；从排名第 15 位的经济体，跃升至世界第二大经济体。我们目前已经是全球第一货物贸易大国、第二服务贸易大国，实际利用外资和对外投资也居世界第二的水平。

多年以后回溯，人们在评选 21 世纪重大历史事件时，一定会把中国的崛起排在最靠前的位置。从联合国到二十国集团，从金砖国家到"一带一路"，从世界经济稳定到各领域国际安全，中国都具有普通国家甚至是地区大国不可替代的作用。中国正在发挥大国作用，承担大国责任，维护大国利益，应对大国挑战。

简单地说，中国已经变成一头大象，是否还能藏身灌木丛中，已经不以我们的意志为转移。

第三，中国所处的方位变了。

陈教授在之前的讲课中，对中国的方位进行了阐释。从发展方位看，中国正从大国走向强国。从国际方位看，中国正从世界体系边缘走近世界舞台中央。

陈教授对中国国际方位的世纪变迁进行了梳理，很有新意。

第一阶段：1840 年前，中国与世界相互外在，处于世界体系的外围。此时，中国与世界是"我——他"关系、非对象性关系。

第二阶段：1840—1949 年，中国被动走向世界，处于世界体系的边缘。此时，中国与世界是"我——你"关系、主客关系、主从依附关系。这一时期，西方为主，中国为客；西方为首，中国为副；西方主导，中国服从。

第三阶段：1949—2008 年，中国自主融入世界，处于世界体系的边缘。此时，中国与世界是"我——你"关系、主客关系。西方主导世界秩序，中国参与。

第四阶段：2008 年特别是 2016 年以来，中国从世界体系边缘走向世界舞台中央。中国从跟随全球化转向引领全球化，从融入全球化转向塑造全球化，从输入型现代化转向辐射型现代化，国际方位迎来了前所未有之大变局。此时，中国与世界是"我们"关系，主体间性关系。世界秩序不再由西方独自主导。

如习近平总书记指出的，全球化走到了十字路口，全世界聚焦中国，中国不能当旁观者、跟随者，而是要做参与者、引领者。

刘教授在讲课中也指出，新时代中国到了新的历史方位，必须承担新的国际责任：中国前所未有地靠近世界舞台中心，中国与世界的关系正在发生深刻而显著的变化，中国有意愿也有能力为世界做出更大贡献。

所有上述几个方面的变化都决定了中国必须找准新的时代定位，做出新的理论贡献，书写新的外交篇章。过去的中国，首要解决的是中国革命和发展问题；进入新时代，必须契合时代需求，做出新的解答。按照陈教授的观点，中国的理论角色，将是马克思主义中国化与中国马克思主义世界化相统一，改造中国与影响世界相统一！

3

2012 年以来，习近平新时代中国特色社会主义思想在解决中国"强起来"问题的同时，也要为人类面临的发展赤字、治理赤字、和平赤字提供中国方案，这是中国所处的国际方位决定的。

德国外交政策研究所所长桑德·施耐德说："没有北京的参与，任何全球性问题都是无法解决的。"这句话，也能掂量出中国的分量，更能说明中国方案的必然。

从这个意义上说，我们一方面必须继续坚持谦虚谨慎，不说空话，多做实事，不事张扬，不当头，不称霸，这是"韬光养晦"的核心要义；另一方面，也要顺应时代发展、照顾国际关切，更根本的，要从维护中国实际利益出发，积极进取，奋发有为，为世界面临的共同问题贡献中国智慧。

这其中，有一个务须解决好的重要问题，就是中美关系。

刘教授上课时提醒，我们必须全方位地看待中美关系，不能因为一些摩擦和冲突，就一叶障目、盲人摸象。他认为，至少可以从四个方面认识中美关系——

一是全球治理上的合作伙伴。对于全球性挑战，如国际金融危机、气候变化、能源安全、粮食安全、恐怖主义、核扩散等，以及地区热点问题，如朝核、伊核、叙利亚问题等，需要中美两个大国相向而行、携手治理。

二是经济上的利益攸关方。中国是美国的第二大贸易伙伴和主要债权国，美国是中国的最大贸易伙伴和最大外汇来源国。

三是传统军事安全上的和平竞争对手。

四是政治上的和平较量对手。美国新版《国家安全战略报告》突破前几届政府的一贯政策，将中国认定为同俄罗斯一样的"修正主义大国"，构成美国国家安全所面临的三大挑战之一。

在全面把握中美关系大局的基础上，审视当前的中美贸易战，可以既见森林又见树木。事实已经很清楚。美国四处推销"公平贸易"，实质是为了美国单边利益的"公平"，是以公平贸易为幌子，为贸易保护主义找借口。我们经过多年努力，2001年加入了WTO。但美国现在试图在原有规则之外"另起炉灶"，不啻是让中国再买第二次"入场券"。

回顾改革开放以来，美国对华战略定位的变化可以明确，遏制与反遏制成为对外关系常态。

里根政府时期，对华采取紧密、友好合作关系的战略。老布什政府时期，认为与苏联一样，中国是一个复杂挑战。克林顿政府时期，提出建设性中美战略伙伴关系。小布什政府时期，要求中国做负责任的利益攸关方。奥巴马政府时期，欢迎中国与美国和国际社会一道，发挥负责任的领导作用。

如今，特朗普政府明确将中国定位为战略竞争对手。中美贸易战，无疑只是特朗普政府总体遏制战略的当头炮。对这一点，美国战略界也已达成共识，不管是特朗普还是希拉里上台，这种战略转移都是水到渠成的事情。

所以，还有人在对特朗普和希拉里谁上台做机会成本测算吗？在这种情况下，再把中美贸易战的"锅"甩给《厉害了我的国》，还有意义吗？

4

当今世界面临的挑战越来越具有全局性、综合性和长远性，没有哪一国能够独善其身，也没有哪一国可以包打天下，需要世界各国以负责任的精神同舟共济，共同维护和促进世界和平与发展。

这是当今时代的命题。中国是该韬光养晦还是该有所作为，如何韬光养晦或有所作为，都需要从这个命题中寻找实践逻辑。

一部党史，一曲华章

◎ 2018 年 11 月 10 日

1

体验式教学，是我们培训计划的重要部分。按照教学计划，学员可以选择分赴井冈山或延安，利用井冈山和延安独特、丰富的党性教育资源，通过体验式教学，思考在新形势下，如何继承革命传统，弘扬井冈山精神、延安精神。以此为基础，每位学员都要对自己的党性状况进行再认识。

"几回回梦里回延安，双手搂定宝塔山。"今年上半年，受组织安排，曾经在中国延安干部学院学习了两周。此次选择，我决定重回延安。瞻仰革命旧址，观摩珍贵文物，聆听感人故事，依然难抑内心的激荡，不由人不抚今追昔、感慨满怀。80 年前，贫穷的延安为什么会成为有志青年的天堂，被称为 20 世纪中国的耶路撒冷？这是每一名共产党员都要时时思忖的问题，想清楚这个问题，才能触摸到我们党的初心，才能时刻铭记自己的使命。

半年前的学习之后，我引用了五句诗概括自己理解的党史。这一次，我觉得可以再加上三句。八句诗，不足以诠释一部党史，却可以管窥其间的艰难历程和磅礴意志。

2

一是"去留肝胆两昆仑"的英勇气魄。

从建党到革命，从建设到改革开放，我们党历经风风雨雨，历尽人间沧桑，许多艰难险阻甚至将我们党置于生死存亡的边缘。绝大多数共产党员为了自己的信仰，坚守自己的信念，爬冰卧雪，拓土开疆，挺起了民族独立、人民解放和国家富强的脊梁。

长征，是人类历史上的伟大奇迹。长征共经过 14 个省，翻越 18 座大山，跨过 24 条大河，走过草地，翻过雪山，行程约二万五千里。长征导致红军遭到惨重损失，单单湘江战役，中央红军第一、第三、第五、第八、第九军团及中央、军委直属队共 8.6 万余人锐减至 3 万余人，红八军团番号撤销。

长征只是党史中的一个篇章，却足以让人理解，中国共产党从 13 个人的创业团队，发展至近 9000 万，这里面蕴含多么坚定的斗争意志，需要多么强大的精神力量。

二是"不畏浮云遮望眼"的宽广视野。

革命形势白云苍狗，前途命运波诡云谲。我们党从幼年到成熟的过程中，不可避免地遇到挫折、走过弯路。但是，我们党是一个善于自我总结、自我更新、自我革命的政党，依靠我们自己的力量，坚持解放思想、实事求是、与时俱进，走出了一条农村包围城市、武装夺取政权的正确道路，开创了中国特色社会主义的伟大事业。在这个过程中，我们党愈挫愈勇、历久弥坚，磨炼了战略定力，也拓展了战略眼光。

我们党从幼年时期的照抄照搬，到坚持理论联系实际，结合中国国情，寻找属于中国自己的道路，这个过程既是实践探索的过程，也是理论和思想成熟的过程。坚持实事求是、一切从实际出发，打破思想禁锢和教条主义的束缚，既丰富了马克思主义理论，也锻炼了我们党在纷繁复杂的局势中拨云见日、登高望远的能力，为世界范围内的共产主义运动开辟了新的道路。我们党在这样的历练中，展现出强大的创造力和领导力。

三是"军民团结如一人"的群众路线。

"水可以没有鱼，鱼不能没有水。"我们党把全心全意为人民服务作为自己的宗旨，作为自己一切工作的出发点和落脚点，时刻铭记须臾不能脱离群众的深刻道理。密切联系群众，不仅是为了不忘初心、牢记使命，党也从中汲取了源源不断的惊天伟力，带领人民夺取革命、建设和改革开放各个时期一个又一个胜利。

2016 年 10 月，在纪念红军长征胜利 80 周年大会上，习近平总书记讲述了 82 年前发生在湖南汝城县的"半条被子"的感人故事，形象地解释了共产党人的初心。"全心全意为人民服务"的宗旨不是喊在口头上，而是具象在"半条被子"上。

解放战争中，在"一切为了前线，一切为了战争胜利"的口号鼓舞下，沂蒙支前民工就达一百多万人，支前小推车达到了三十多万辆。"淮海战役是沂蒙老区人民用小推车推出来的"。

密切联系群众，是我们的三大优良作风之一，是我们能够不断前进、不断取得胜利的强大动力。如果我们脱离群众，不仅是忘本，而且必然会形成各种既得利益集团，最终也必然重蹈苏联解体的覆辙。

四是"敢叫日月换新天"的坚强意志。

红军不怕远征难，万里江山只等闲。从组织上的健全到政治上的自主，从物质上的丰富到思想上的成熟，我们党近百年的发展进程，经历了多种意义上的长征。无论是艰苦卓绝的革命年代，还是百废待兴的建设时期，或是锐意进取的改革攻坚，我们党总是逢山开路、遇水架桥，展现了敢于斗争、敢于胜利的独特气质、非凡气魄和豪迈气概。

从长征到旷日持久的抗日战争，从社会主义改造到拨乱反正、全面开启改革开放的伟大征程，我们党就是这样突破一道道现实和思想的障碍，取得了一次次被历史和实践证明是正确、果决的胜利。最新的文本，就是党的十九大报告，我们党为了国家富强和人民幸福，那种时不我待、攻坚克难的精神状态以及步步为营、扎实推进的工作作风，跃然纸上，又在实践中不断完善。

五是"只留清气满乾坤"的磊落胸怀。

"我生，为真理生；死，为真理死；除了真理，没有我自己的东西。"我们党内不是没有腐败分子，不是没有野心家。但是一个政党之所以能够顽强走到今天，带领人民取得举世称羡的成就，一定是因为她把人民的利益看得高于一切，除了人民的利益，她没有自己的私利。正因如此，我们党始终把人民放在最高的位置，不以物喜、不以己悲，坚持真理、修正错误，惩前毖后、治病救人，决不允许在党内存在出于个人目的的征讨杀伐，决不允许出卖党和人民的利益换取个人私利，清清爽爽，坦坦荡荡。

检验人的胸怀是否宽广，最好的试剂是对"错误"和"政敌"的态度。在党的七大上，毛泽东推荐犯了严重错误的王明进入中央委员会，这对于团结那些犯过错误的同志共同推进中国人民的解放事业，具有重大意义，也充分体现了毛泽东的博大胸怀。

我们党的历史上，有许多视死如归、一心为民的先烈和典范，他们构成了中国共产党的光辉群像。之所以每次怀念先烈时让我们为之动容，就在于他们身上有着伟大的人格魅力和舍生取义的人性光芒。

抗日战争时期，抗大在敌后使敌人闻风丧胆。华北日军司令冈村宁次曾扬言"消灭了抗大，就等于消灭了晋察冀边区的一半"，"宁肯牺牲 20 个日本兵换一个抗大学员，牺牲 50 个日本兵换一个抗大干部"。红色延安在一片白色恐怖中吸引大批青年前赴后继，其中一个原因，就是共产党人树立的光辉形象的感召。

六是"乱云飞渡仍从容"的超然品格。

我们党的奋斗历程，总是与各种挑战甚至生死考验紧密相连。前进的道路荆棘遍地，斗争的凶险绵延不绝。中国共产党人为了理想和信仰，抛头颅、洒热血，前仆后继、不屈不挠、义无反顾、舍生忘死。就算遭遇灭顶之灾，也是昂起高尚的头颅，擦干身上的血迹，掩埋好同伴的尸首，又继续战斗了。站在时代的方位回望历史，一系列鲜活的共产党人群像，昂然矗立在腥风血雨构成的图景中，"敌军围困万千重，我自岿然不动"。

毛泽东作为共产党人的杰出代表，他的处变不惊，他的从容淡定，完美诠释了一个人在面对进退留转、功败垂成时，该如何超然面对？在党内，毛泽东多次受到打击和排斥，或被开除党籍，或被撤职，但他始终满怀革命必胜的信念，以其深刻的历史自觉，坚定信念，阔步向前，在遭受失败和挫折中使人们看到胜利的曙光和希望。

如今，我们面对一系列新的伟大斗争，面对诸多从未有过的挑战，尤其需要笑看风云起、稳坐钓鱼船的超然和担当。事业越发展，越需要这样的超然；心态越超然，越有利于事业不断走向辉煌。

七是"千磨万击还坚劲"的坚定信念。

近百年来，一代又一代共产党人前赴后继，一定有着精神上的动力，有着思想上的逻辑。这个动力和逻辑，就是远大的理想和坚定的信念。"砍头不要紧，只要主义真"，"敌人只能砍下我们的头颅，决不能动摇我们的信仰"，这些视死如归、大义凛然的誓言，生动表达了共产党人对远大理想的坚贞。

贺页朵，江西永新县才丰乡北田村的一个贫苦农民。1931 年 1 月

25 日，他秘密加入中国共产党，并在一块红布上写下了入党誓词。他识字不多，24 个字的誓词有 6 个别字。1934 年，贺页朵在一次伏击战中负了重伤，后来在国民党的白色恐怖下与党组织失去了联系。在此后的漫长岁月里，他冒着生命危险，用油纸将写有入党誓词的布条包好，藏在榨油坊的屋檐下。每当夜深人静的时候，他就取下来静静地看、默默地读。几十年，初心不改，历久弥坚。

贺页朵的故事，是理想和信念在历史长廊中的一个具象，生动诠释了我们这样一个大党，何以团结一致，何以奋勇向前？

八是"而今迈步从头越"的奋斗精神。

面对艰难困苦的坚强忍耐力，面对敌人时的顽强战斗力，实践中的创造力，道义上的感召力，奠定了我们党的"历史合法性""绩效合法性"和"道义合法性"。但是我们党时常提醒自己，万里长征刚刚迈出第一步，人民不允许我们躺在功劳簿上悠然自得。所有过往，皆为序章。唯有坚持不懈地为人民谋幸福，为民族谋复兴，才是我们党的初心和使命，才是党旗应有的底色。

站立在 960 万平方公里的土地上，吸吮着五千多年中华民族漫长奋斗积累的文化养分，拥有 13 亿多中国人民聚合的磅礴之力，我们走中国特色社会主义道路，具有无比广阔的时代舞台，具有无比深厚的历史底蕴，具有无比强大的前进动力。在这样的自信与豪情中，未来不是坦途，也必风雨无阻。

3

读一部党史，颂一曲华章。正可谓：

纵使疮痍已近毁，

千磨万击犹可为。

有志凌云重霄九，

何须坐等艳阳晖？

不要人夸颜色好，

只取丹心成依归。

万里长征破万卷，

一曲新词酒一杯。

理论民族化的圣地

◎ 2018 年 11 月 10 日

1

故宫博物院院长单霁翔几周前来党校作了一场报告，整场妙语连珠，满场欢声笑语。学员们既跟随单院长品味了一场有关故宫及文物的视觉盛宴，也经历了一次中国优秀传统文化的冲击和洗礼。

讲座中，单院长提及在跟"台北故宫"同仁交流时说的一句话：文物只有放在它原来的位置上品鉴，才最有味道。

彼时彼地，单院长这句话本身，就很有味道。

延安是中国革命的圣地，同时也是马克思主义中国化的圣地。又一次站在延安的大地上，进一步思考和领会理论的民族化问题，身临其境，思绪万千，很有味道。

2

转战陕北前，幼年的中国共产党经历了艰辛的探索和重大的挫折。根本原因在于，我们党还没能将马克思主义同中国实际有机结合起来，尚未找到适合中国国情的革命道路。

从党的一大到五大，陈独秀相继担任中共中央局书记、中共中央执行委员会委员长和总书记等职。作为党的领导人，他放弃了党作为革命带头人和领导者的地位，将革命领导者的地位主动交于国民党。右倾机会主义，让我们党面对蒋介石的大肆屠杀几无还手之力。

八七会议上，瞿秋白担任临时中央政治局常委并主持中央工作。由于不切实际地遵照共产国际代表的意见，错误估计革命形势，不顾敌人的强大和革命失败后群众的实际情况，盲目发动城市工人和农民举行总暴动，犯了"左"倾盲动错误。之后主持中共中央工作的李立三等，制订全国中心城市武装起义和集中全国红军攻打中心城市的计划，要求各路红军"会师武汉""饮马长江"，又犯了"左"倾冒险错误。这些错误，给党和革命带来了巨大损失。

1930年，王明从苏联回国后，打着"反对立三路线"的旗号，在1931年1月的六届四中全会上夺取了中央领导权。随后，在党内推行"左"倾冒险主义。受命担任中共临时中央主要负责人的博古，积极推行王明"左"倾冒险主义路线。到达中央革命根据地后，又与李德推行进攻中的冒险主义、防御中的保守主义、退却中的逃跑主义，致使第五次反"围剿"失败。党和中国革命命悬一线、生死攸关。

抗日战争开始后，重新回到国内的王明，否认抗日统一战线中的独立自主原则，主张抗日民族统一战线中"一切经过统一战线""一切服从统一战线"，放弃党对统一战线的领导权，犯了右倾投降主义错误，党和中国革命再次面临巨大损失。

中共党内一度遵行"两个凡是"——"凡是马恩列斯讲的话必须遵守，凡是共产国际的指示必须照办"。事实上，不论是"左"倾还是右倾，都是没有找准中国革命的准心，根子都在脱离实际、唯上唯书，照搬国外经验，不顾中国国情。

博古后来诚恳反思："其实我和一些同志当年都还只是学生，只学了一些理论，拿了一套公式和教条就回国了，当时我们完全没有实际工作经验，因此过去党的许多决议，不过是照抄照搬国际的指示而已，完全没有结合中国的实际。"

这些话，道出了实情。

3

毛泽东力挽狂澜，创造性地解决了马克思列宁主义基本原理同中国实际相结合的一系列重大问题，深刻分析中国社会形态和阶级状况，经过不懈探索，弄清了中国革命的性质、对象、任务、动力，提出通过新民主主义革命走向社会主义的"两步走"战略，制定了新民主主义革命总路线，开辟了以农村包围城市，最后夺取全国胜利的革命道路。

早在 1930 年 5 月，毛泽东就明确提出"中国革命斗争的胜利要靠中国同志了解中国情况"。在本本主义、教条主义盛行，中央领导权被"捧着尚方宝剑的莫斯科'天使'"把持的情况下，坚持这样实事求是的态度，需要理论智慧，更需要政治勇气。

1938 年 10 月，毛泽东明确提出"马克思主义的中国化"宏大课题和时代命题。在延安，毛泽东撰写了一批理论色彩非常重的文章，是毛泽东思想得到系统总结多方面展开而达到成熟的主要代表作。《毛泽东选集》总计 159 篇，延安时期的著作 112 篇，占总数的 70%。凤凰山的窑洞，杨家岭的场院，枣园的灯光，见证了一篇篇经典的诞生，也为我们今天在这里感悟实事求是的思想路线，承接全心全意为人民服务的宗旨，营造了思想情境，构筑了精神桥梁。

正反两个方面的经验表明，马克思主义理论唯有民族化，同各国国情相结合，才能经得起实践的检验，才能在实践中落地生根、开花结果。这是一个颠扑不破的真理。谁在这个问题上刚愎自用，谁就会遭遇实践的多重夹击，最终一败涂地。

4

　　理论民族化，是辩证唯物主义的内在要求。

　　理论知识来源于实践活动，是对实践活动的总结和升华，同时又反作用于实践。实践千差万别，同样的事物在不同的发展阶段，不同的事物在同样的发展阶段，都有自己运行的内在规律。同样是社会主义革命，当时俄国的革命和中国的革命分属不同阶段；同样是中国革命，新民主主义革命和社会主义革命也不一样。对此，必须区别对待，不能混为一谈。

　　一切事物的发展过程都伴随着矛盾，这是矛盾的普遍性；不同事物的发展过程，各有各的个性，这是矛盾的特殊性。矛盾的普遍性，意味着每把锁都需要有钥匙才能开；矛盾的特殊性，意味着一把钥匙只能开一把锁。把某一种理论当作"万能钥匙"，不做因地制宜、因时制宜的改造，就指望打开所有的锁，一定会吃"闭门羹"，要栽跟头。

　　埃及总统塞西9月初在党校演讲时提出，"实事求是"的"事"，有自己的"事"，也有别人的"事"。我们有时候把别人的"事"和自己的"事"混为一谈，这不符合国情。用别人的"事"没法求自己的"是"，只有从本国国情出发，才能求到自己的"是"。这话说得很深刻，讲的就是这个道理。

　　理论民族化，是解决实际问题的内在要求。

　　马克思主义是科学、是真理，是从世界观、方法论层面而言，如解决实际问题，则必须具体问题具体分析。如果拿着马克思主义的本本，到现实中按图索骥,不仅选不出千里马,还会被马一个蹶子给尥翻在地。马克思主义民族化的实质,就是要在坚持马克思主义基本原理的基础上,运用马克思主义创造性地解决本国的实际问题。

列宁对于俄国革命的著述,既包含了马克思主义的基本原理,也反映了俄国革命的实际。1917年,以列宁为首的俄国布尔什维克党以工人阶级为主力军在中心城市发动武装起义,建立了世界上第一个无产阶级专政的社会主义国家。苏维埃政权建立后,迅速将革命由中心城市推向中小城市和广大农村。在十月革命影响下,欧洲各国的革命都效仿了俄国革命的"城市中心道路"。

但是,中国不同于欧洲资本主义国家,也不同于沙皇统治下的俄国,有着极为特殊的国情。如果拿着列宁主义的本本,照抄照搬俄国革命的路径,事实证明根本走不通,而且损失惨重。从中国国情出发,中国革命必须到农村去,以农村为中心,走农村包围城市的反向路径,武装夺取政权。以毛泽东为首的中国共产党人,最终找到了这条正确道路,马克思主义基本原理同中国实际结合起来,推进马克思主义中国化,从而胜利解决了中国革命的实际问题。

理论民族化,是理论掌握群众的内在要求。

理论一经掌握群众,也会变成物质力量。理论掌握群众,从表达方式和接收习惯来看,最有效的途径就是民族化。毛泽东提出,要有新鲜活泼的、为中国老百姓所喜闻乐见的中国作风和中国气派。概括地说,就是理论要言简意赅、深入浅出、形象生动。这方面,毛泽东本人就有不少堪称典范的例子。比如,他用"秀才过沟"的故事解释什么是教条主义,用"矛盾就是打架"来讲解矛盾论,用宋江三打祝家庄的故事强调要加强调查研究。

从理论形态上说,所谓马克思主义民族化,就是要让马克思主义理论呈现出它所产生和发展的时代特点和民族特色。就中国而言,就是要给马克思主义增添新的语言、新的内容，使马克思主义转化为具有中国风格和中国气派的民族形式。这就要求从中国的特殊国情出发，吸取中国优秀传统文化的思想精华，结合中国成功经验的总结，使马克思主义展现出"中国的特性"。

毛泽东曾一针见血地批评那些自封为"马克思主义理论家"的人，家里有成堆的马克思主义出卖，装潢美丽，自卖自夸，只此一家，别无分店，如有假冒，概不承认……直到被人戳穿西洋镜，才发现其宝号里面尽是些假马克思，或死马克思、臭马克思，连半个真马克思、活马克思、香马克思都没有。这样生吞活剥的"马克思主义"，煞有介事，面目可憎，怎么可能引起群众的兴趣，赢得群众的支持呢？

5

理论民族化问题，在当前具有很强的现实针对性。

毋庸讳言，学术界目前还在一定程度上存在着"挟洋自重"问题。做课题、发论文、搞研讨，常常围着西方的学术工具和评价体系转，哪怕是涉及中国问题，也过于在意国外学者的意见。

一位国际政治学教授曾发文说，在以国际关系为营生的学者中，形成了一道独特的"学术风景"：学问可以浅薄、预测可以瞎说、书可以不看、文章可以不顺，但不可不出国。如若长期不出国交流，似乎就是学问不长进的标志。能说一口流利的外语且经常出国，似乎就成了有学问、有造诣的硬指标。

于是，开学术会议时，除了能经常看到"大腕"普遍迟到、早退的现象外，还常常遇见迟到者行色匆匆闯入会场，装模作样地连连向众人道歉："对不起，对不起，刚下飞机，刚从国外赶来"云云，早退者的口头禅是："对不起，对不起，先走一步，另一个会等着我。"

这位教授在文章中指出，近几年参加了一些会议，多少也看出点门道。此等人物在学术界可归诸"学术演技派"，往往名头很大，身兼数职，每天左右开弓、两个电话一起接，各种会议连轴转。除了早年"出道"时有几篇勉强过得去的文章外，这些"刚下飞机"的人物现已基本不学无术，但各种"演技"却已炉火纯青。

我不敢说，这位教授提及的现象是否普遍，但就我自己观察，应该并非个别现象。曾经，"兄弟从美国来"是一些人的口头禅；现在，削中国实际的"足"，适西方理论的"履"，仍然是西方学者和我们自己的一些学者最喜欢和擅长的事情。

中国经济政治文化等方方面面创造了一系列历史性成就，也积累了一系列宝贵经验。如何解读这些成就和经验，用西方的学术工具找不到解释，在马克思经典著作中也没有现成答案。

我们要树立理论自信，首先要从理论上解释清楚我们的创新性发展是合规律性的，而不是心血来潮、标新立异的；我们的成功实践是具有必然性的，而不是误打误撞、瞎猫碰到死耗子取得的；我们的经验总结是对人类文明进步的丰富和完善，而不是单纯的另起炉灶、搞自娱自乐的。解释清楚这些问题，务必一以贯之并与时俱进地拿出理论智慧和勇气，推进理论的民族化。

有理由相信，随着我们的理论民族化进程进一步深入推进，我们的理论自信，支点将更坚实，内涵将更丰富，逻辑将更有力。

走出书斋，到现场去

© 2018 年 11 月 18 日

1

知道贫困地区很艰苦，但不知道这么苦！

知道基层干部不容易，但不知道这么难！

2

党校学习进入社会调研阶段。社会调研是贯彻落实党校理论联系实际教学方针，以问题为导向，开展研究式学习的重要措施。从我们学员角度说，正好有机会走出书斋，离开自己驾轻就熟的工作领域，到一线去、到基层去，了解国情民意，总结经验教训，让自己从思想到行动都接接地气。

我们小组一行六人赴四川阿坝，调研深度贫困地区巩固脱贫成果、实现整体稳定脱贫问题。从成都启程向小金县进发，司机师傅一路风驰，怎奈全程沟壑纵横，山路蜿蜒，途经海拔 3800 多米的高山时，大雾弥漫，能见度不足 5 米，只能缓慢前行。道路只容两辆车并行，另一侧是被冰雪覆盖的山体和枝丫，一侧就是数百米深的河谷。200多公里的路程，足足开了5个小时，倘若换我这样不熟悉地形的人开，恐怕时间还要更久。

听地方的同志说，小金县出县的道路有三条，而连接省会成都的道路只有这一条。除了公路，目前还没有别的出行方式。如果遭遇冰雪或山体滑坡等灾害，或是有车在路上抛锚，出行就会受阻，常常需要在路上待上一天等待救援。途中，眼见许多车辆停在路边，为轮胎装上防滑链。这样的基础条件，严重制约了当地的发展和人民群众生活的改善。

如果不是次日去日尔乡董马村，我们还是不能切身体会当地干部群众的艰难。从国道转入上山的小道，全程只有3米多宽，只容一辆车单向行驶，错车十分困难。道路虽已硬化，但是盘旋向上，经常会有不及30°角的弯道，有几处转弯近乎零度折叠。

这还不是最吓人的。道路一侧，就是万丈深渊。坐在副驾驶座上，常常感觉车轮外侧已经压着道路边缘。关键是，因为资金不足，十几公里的山道，竟然大部分路段没有防护栏杆。车辆遇到坑洼处，略一颠簸，就让人心拎了起来，担心会坠落深谷。第一次走这样的山路，大气不敢出，手心直冒汗，嘴里发干，心一直悬着。

好不容易到了海拔3500米的村部，两腿发软地迈下车，这才发现，这里空气稀薄，气压很低，紧走两步就会气短，得大口呼吸才能喘匀，一点不比在车上轻松。

就是在这样的环境中，住着两个村民小组的68户、286人。县税务局的年轻女干部小杨今年27岁，工作两年后就被派到这里担任村第一书记，如今已经第三个年头。她和驻村工作队的另外两名同志常年住在山上，向村民宣传和落实党的扶贫政策，带领村民一同脱贫，2017年全村贫困户全部"摘帽"。

这位姑娘是个地道的"90后"。在都市里的同龄人正在放飞理想、享受生活的时候,她在这个高寒地带为了更多人的生活而奔忙,着实令人敬佩。因为条件艰苦,交通不便,任务繁重,接触的人也不多,这位脸上总挂着笑意的姑娘至今单身。据说,这种情况不是个例。

攀谈中,我们了解到,随行的县扶贫移民局的同志因为常年山上山下地跑,膝盖软骨磨损严重,经常疼痛难忍。据说,年纪再大些,恐怕走路都要成问题。不禁感叹:"你们真不容易!"对方却说:"这活总得有人干啊!"

3

阿坝州位于四川省西北部、青藏高原东南缘,辖区面积8.42万平方公里,辖13个县(市),属老、少、边、穷地区。

这里是少数民族聚居区。全州有藏、羌、回、汉各族群众92万人,其中藏族占58.7%、羌族占18.5%、回族占3.2%、汉族占19.4%,受教育水平、文化差异、传统习俗、生活习惯、思想观念等因素影响,现有条件和发展需求呈现多样化、多元化、多层次特征。

这里是自然灾害多发区。自然环境恶劣、自然灾害多发,先后发生过"5·12"汶川特大地震、"6·24"茂县山体滑坡和"8·8"九寨沟地震等重大自然灾害。同时,也是大骨节病多发区,全州606个贫困村中有大骨节病区村168个。这些都影响了脱贫的稳定性。

这里是基础设施贫弱区。受高原高寒、高山峡谷等特殊地域地形条件影响,交通建设成本高、施工难度大,进出州大通道少、公路通行能力和抗灾能力弱,这也制约着经济发展和生活质量提升。

这里是集中连片特困区。阿坝属国家确定的"三州三区"深度贫困地区之一,也是红军长征"翻雪山过草地"的革命老区。做好脱贫工作，不仅是发展经济、改善民生问题，更是兑现 2020 年全面建成小康社会的庄严承诺，改善革命老区群众生活的政治要求。

如果不到实地走一走、看一看，哪怕是走马观花地看一看，就根本不能真切体会这些数字和材料背后的实际艰辛，也难以真切感受当地干部工作的不易和群众生活的艰难。

4

"要得到群众的拥护吗？那么，就得和群众在一起，就得真心实意地为群众谋利益……解决群众的一切问题。"80 多年前，毛泽东同志这样说。

当年国民党驻延安少将参谋徐佛观说："（国共）两党的本质区别究竟在哪里呢？一个最根本的问题是共产党植根于平民百姓，国民党在平民百姓中没有根。"

在甘肃南梁干部学院进行党性教育现场教学时，学院老师引用《中国的惊雷》一文中的一段话："共产党并不曾使用什么魔术，他们只不过知道人民所渴望的改变，并用他们的意志唤起了难以想象的力量。"两名外国作者，从局外人的视角，道出了共产党能够在人民心中扎根的原因。

时过境迁，这样的观念不能变，这样的意识不能变，这样的行动不能变。

几年前，贵州省组织各级领导干部深入到企业、农村、社区，帮助群众理思路、出点子，排民忧、解民难。时任省委书记栗战书、时任省长赵克志等省领导率先垂范，多次深入联系点，一连几天吃住在农家，与基层干部群众面对面交谈，帮助当地理清发展思路，解决实际问题。此举不仅受到群众欢迎，下去的干部也感触很深、收获很大。

彼时坊间有这样一种观点：现在是信息时代，信息获取便捷高效，交流互动简单易行，了解社情民意的渠道越来越广，开展群众工作的方式越来越多。新形势下，领导机关完全可以借助现代化的信息技术手段和通信交流工具体察民情、了解民意、集中民智，不一定非得亲自下基层，与群众同吃同住就更无必要了。

这看上去似乎蛮有道理，也很"新潮"。如今，越来越多的领导干部开通实名微博，有的甚至已成为"粉丝"过百万的"微博达人"。通过网络平台，领导干部可以与网民直接沟通、交流，问政于民、问需于民、问计于民，这不比亲自下基层的效率更高吗？

当时我还在党刊工作，受命就这个问题写一篇时评。结合掌握的材料，经过深入思考，对这个问题有了粗浅的认识。

的确，无论何时，形式的更新，都不能忘记内在的根本。随着时代的发展和科技的进步，党的群众工作必须开阔视野、拓展领域、改进方法、创新形式，但这绝不意味着我们就可以丢掉党的好传统、好作风。无论是各级领导干部，还是媒体人，深入实际、深入基层、深入群众，都还是必须坚持的工作作风。时任贵州省委书记栗战书同志说，我们今天强调下基层，更主要的考虑是为了增进领导机关的干部对群众的感情。这个观点非常好，也非常重要。

待在机关里闭门造车，守在书斋里纸上谈兵，不仅会同实际工作脱节，更关键的是，会让自己从身心两个方面远离群众。写出的报道、做出的决策，能够切实反映实际情况、顺应群众需求的可能性不能说完全没有，但概率绝不会太高。

我们党成立 90 年来，时代在变，环境在变，任务在变，但是全心全意为人民服务的宗旨没有也不能变，密切联系群众的优良作风没有也不能变，同人民群众的鱼水深情没有也不能变。深入实际、深入基层、深入群众，同群众面对面、手拉手、心连心，是一种始终管用的群众

175

工作方法。

原因很简单，理性的认识离不开感性的体验，资料再翔实的工作汇报也比不上基层实践的生动鲜活，沟通再顺畅的网络互动也代替不了同人民群众的直接接触。只有深入实际、深入基层、深入群众，我们才能感同身受地体会群众疾苦，才能设身处地地理解群众呼声，才能不断增进对人民群众的真挚感情。

5

人是有感情的，感情问题很重要。感情是把认识转化为行动的重要媒介。感情决定立场，立场决定态度，态度决定行动。群众路线、群众工作的一个核心问题，就是群众感情问题。

"乐民之乐者，民亦乐其乐；忧民之忧者，民亦忧其忧。"只有我们把群众放在心上，群众才会把我们放在心上；只有我们把群众当亲人，群众才会把我们当亲人。这是一条颠扑不破的真理。对群众的感情"有没有""真不真""深不深""实不实"，任何时候都是衡量党员干部是否合格的标尺，检验着党员干部的政治立场、精神境界、责任意识和价值取向。

在世情、国情、党情发生深刻变化的新形势下，我们党面临着精神懈怠、能力不足、脱离群众、消极腐败的危险。追本溯源，这些危险都与对群众的感情有很大关系。

有的党员干部只在意个人进退，不关心群众冷暖，对群众呼声置若罔闻，对群众疾苦漠不关心，对群众的合法利益和正当诉求不以为然，对事关群众切身利益的事能拖就拖、能躲就躲、能推就推、能放就放，有些事导致"小事拖大、大事拖炸"。有的以"官老爷"自居，养尊处优，作威作福，热衷于灯红酒绿，沉湎于声色犬马，攀权贵、傍大款，对人民群众既没爱心，又没耐心，特别是对一些困难群众盛气凌人、不屑一顾。有的自恃高明，独断专行，想问题、做决策不相信群众、不依靠群众，不知道群众急什么、盼什么，作风漂浮，眼高手低。有的脱离实际，好大喜功，热衷于搞一些华而不实的"形象工程"和劳民伤财的"政绩工程"，对事关人民群众切身利益的民生问题则缺乏热情。

凡此种种，反映出一些领导干部的世界观、人生观、发展观、政绩观出了问题，但最直接的原因则是长期高高在上、脱离群众，背离了群众观点，淡漠了群众感情。

6

密切联系群众是我们党的最大政治优势，脱离群众是我们党执政后的最大危险。倡导深入实际、深入基层、深入群众，要解决的绝不只是了解情况、听取意见的问题，更要解决同人民群众的感情问题。我们必须清醒地看到，认真解决好同人民群众的感情问题，比以往任何时候都更为迫切、更为重要。

解决好同人民群众的感情问题，我们才能站稳群众立场。群众立场始终是我们党的根本政治立场。我们党之所以得到广大人民群众的拥护和支持，最重要的就在于我们党始终站在最广大人民的立场上说话办事，始终代表最广大人民的根本利益。群众立场不是死记硬背的教条，更不是口是心非的说辞，而是真心实意地站在群众一边，用群众的眼光，从群众的角度来看问题、想问题、处理问题。这就要求各级领导干部满怀赤诚之心、赤子之心，心系群众、感恩群众、敬畏群众，密切同人民群众的联系，增进同人民群众的感情。很难想象，一个对群众没有感情的干部，能真心把人民放在心中最高位置，全心全意为人民服务。

解决好同人民群众的感情问题，我们才能激发内在动力。工作动力问题，说到底就是对群众的感情问题。只有在感情上与广大人民群众真正融为一体，才会增强加快发展，造福于民的责任感和紧迫感，才会和群众同甘共苦、并肩作战，从群众中汲取不竭动力。这些调研过程中接触的基层干部以及州县领导身上的责任感、使命感都溢于言表。我想，只有心底饱含对群众的感情，才可能激发他们为了脱贫攻坚，为了党和人民的事业，离家别口，加班加点。他们的行动充分说明：对群众感情有多深，工作动力就有多大。

解决好同人民群众的感情问题，我们才能找准政策取向。制定一项政策，采取一项措施，是否把群众需求作为施政决策的标准，以人民群众利益为重，以人民群众期盼为念，是检验领导干部有没有群众感情的试金石。只有对人民群众怀抱一腔真情，想群众所想，急群众所急，办群众所需，着力解决好人民群众最关心最直接最现实的利益问题，才能找准正确的政策取向，我们制定的政策措施才能得到人民群众的支持和拥护。脱贫攻坚，涉及群众切身利益和长远利益，尤其如此。

7

对人民群众充满感情，不是恻隐之心，而是政治责任；不是策略安排，而是价值取向；不是权宜之计，而是根本要求。这是由党的性质和宗旨决定的。走出书斋，到现场去，才有可能不断增进同人民群众的感情。

不论是各级领导干部，还是新闻工作者，都得解决好这个问题。如果说几年前对这个问题的思考还停留在思想和书本层面的话，这一次调研，让我的思考有了质感和痛感。

扶贫，抚平

◎ 2018 年 11 月 26 日

1

从阿坝调研脱贫攻坚工作返校后第一次形势与任务报告会，就是听国务院扶贫办主任刘永富同志作报告。

巧合的是，同一天上午，恰好看到一位好友在朋友圈转发一篇文章，是一位被派往扶贫一线的纪检监察干部生前撰写的驻村工作手记——《打通最后的 5.62 公里》。

朋友感慨：致敬扶贫者！20 年前扶贫的地方水质不好，一个老兄弟扶贫一年，头发全白，回到南京后恢复了。我的组长出去跑项目路遇车祸，断了胳膊，养伤期间仍驻扎扶贫点。我因为吃得香睡得好不怕呼噜声，自然就成了夜间照顾他的主力。可惜这个老哥哥 59 岁猝亡，连女儿的婚礼都没赶上。

刘永富同志在报告中提及，扶贫工作中，我们有数百位干部因为条件艰苦、突发险情、交通事故等原因，献出了生命。

让人唏嘘！令人敬佩！催人奋起！

2

贫困，会让人跌落生存的底线，失去基本的尊严。扶贫，就是要让那些还在为生计奔忙、为生存恐慌的人们，抚平命运的崎岖，找到尊严的慰藉。

放眼古今中外，恐怕没有哪个朝代、哪个国家、哪个政党能像当代中国、像共产党这样，集中精力把群众脱贫作为重中之重。

1987年4月，邓小平在接见外宾时指出："搞社会主义，一定要使生产力发达，贫穷不是社会主义。我们坚持社会主义，要建设对资本主义具有优越性的社会主义，首先必须摆脱贫穷。"1990年12月，邓小平在同几位中央负责同志谈话时指出："社会主义不是少数人富起来、大多数人穷，不是那个样子。社会主义最大的优越性就是共同富裕，这是体现社会主义本质的一个东西。"

习近平担任党的总书记以来，鲜明宣示："人民对美好生活的向往，就是我们的奋斗目标。"强调指出："贫穷不是社会主义。如果贫困地区长期贫困，面貌长期得不到改变，群众生活长期得不到明显提高，那就没有体现我国社会主义制度的优越性，那也不是社会主义。"

习近平总书记代表全党作出的庄严宣示，既是一脉相承的理解深化，又是接续努力的责任担当。党的十八大以来，以习近平同志为核心的党中央把脱贫攻坚作为全面建成小康社会的底线任务和标志性指标，明确到2020年现行标准下农村贫困人口实现脱贫、贫困县全部摘帽、解决区域性整体贫困的目标任务，确定精准扶贫精准脱贫的基本方略，出台一系列超常规政策举措，以前所未有的力度推进，脱贫攻坚取得了决定性进展和历史性成就。

抓好脱贫攻坚，不仅是一笔经济账，也是一笔政治账，放在全球视野看，还有一笔国际账。

3

"全面建成小康社会，一个不能少；共同富裕路上，一个也不能掉队。"实现共同富裕，是社会主义的本质要求。

"农村贫困人口如期脱贫、贫困县全部摘帽、解决区域性整体贫困，是全面建成小康社会的底线任务，是我们作出的庄严承诺。""全面建成小康社会、实现第一个百年奋斗目标，最艰巨的任务是脱贫攻坚，这是一个最大的短板，也是一个标志性指标。"

从这个意义上说，搞好脱贫攻坚，首先是一笔经济账。

我们在阿坝调研，对这一点有切身感受。从国道去董马村，蜿蜒的盘山道，绝大部分路段没有防护栏。在路基一侧，就是陡峭的山崖。如果不明就里，简直要认为不装防护栏就是草菅人命，就是不顾群众死活。但是，经过了解才知道，安装防护栏的成本是每公里14万元，而目前东拼西凑来的资金只有7万元每公里。在基层，不能从应然视角去想问题，只能从实际出发，有多少钱办多少事，把仅有的钱用在刀刃上。所以，当地能够做的，就是在最危险的路段，用有限的资金装上防护栏。

说到底，穷啊！谁要是站着说话不腰疼，非要指责当地干部不把群众安危放在心上，那是会让当地干部寒心的。

刘永富同志介绍说，党的十八大以来，现行标准下的全国农村贫困人口累计减少6853万，年均减贫1370万人，比前几轮扶贫规划年均减贫规模翻了一番，也打破了以往新标准实施后减贫人数逐年递减的格局。贫困县减少了153个，解决区域性整体贫困取得突破性进展。预计到2018年底，我国现行标准下的农村贫困人口将减少80%以上、贫困村将退出80%左右、贫困县将摘帽50%左右，向着实现脱贫攻坚目标迈出坚实步伐。

截至 2017 年底，阿坝州已经实现 4 个贫困县（市）摘帽，贫困人口从 2013 年底的 10.36 万人减少到 2017 年底的 2.19 万人，贫困发生率从 14.5% 下降至 3.06%，贫困村由 606 个减少至 241 个。今年，即将实现九寨沟等 6 个贫困县摘帽、208 个贫困村退出、1.7 万名贫困人口脱贫，贫困发生率预计降至 0.69%。

阿坝州的脱贫攻坚，只是全国脱贫攻坚的一个缩影。事实上，改革开放的 40 年，是我国逐步消除贫困的 40 年。40 年的接续奋斗，让 7 亿多人口摆脱了贫困，创造了人类减贫史上的奇迹。

这意味着什么？意味着 7 亿多的人口，作为中华人民共和国的公民，也同步分享了中国经济腾飞的成果，也共同感受了中国国力增强的荣耀。尽管受到主客观因素的影响，这些身处贫困境地的同胞还不能一下子过上富足的生活，但是有一点是肯定的——这个国家是不会也不能抛弃他们而自顾自往前奔跑的，是不会也不能让他们在"贫民窟"里顾影自怜、心生绝望的。他们是这个国家不可切割的一个群体，更是这个国家不可估量的一个市场。

我们说，中国经济具有很大的回旋余地和弹性空间，其中一个重要支撑就在于，我们有巨大的市场潜能尚未释放。从经济角度看，脱贫攻坚意义深远。

4

习近平总书记说："我们中国共产党人从党成立之日起就确立了为天下劳苦人民谋幸福的目标。这就是我们的初心。"

不忘初心，牢记使命，把群众的安危冷暖时刻放在心上，这恰恰是扶贫工作的政治意义所在。

我们调研的阿坝州，是四川省第二大藏区和我国羌族主要聚居区，是红军长征"翻雪山过草地"的革命老区，是国家集中连片特困地区，是"三州三区"深度贫困地区之一，是脱贫攻坚的主战场和"硬骨头"。阿坝州属典型的"老少边穷"地区，贫困占比高、分布广、程度深，属于脱贫攻坚的"困中之困、坚中之坚"。

1935年至1936年，中国工农红军长征在阿坝州境内转战停留达16个月之久，创建了各级苏维埃政府和少数民族革命政权，阿坝州是红军长征途中中央召开政治局会议最多的地区。

长征途中，党中央先后在阿坝州召开了两河口、卓克基、芦花、沙窝、毛儿盖、巴西等10次政治局会议（含扩大会议、常委会议、非正式会议），这些会议确定了红军北上抗日等关系中国革命命运的重大战略方针。全州13个县被四川省政府认定为革命老区县。

调研期间，我们特地到达维会师桥瞻仰。这座建于民国的小桥位于小金县达维乡政府以东300米处，东南至西北走向，横卧在沃日河上，全长13.8米，宽2.8米。1935年6月12日，红四方面军第九军第二十五师第七十四团与中央红军红一军团第二师第四团在达维桥上胜利会师。

当年，我们的先烈舍生忘死闹革命，图个啥？图的不就是今天的百姓都过上好日子吗？站在老区的土地上，看着还有群众依然在贫困线附近挣扎，没能和共和国其他地方一起过上富裕的生活，每一个共产党人都应该问一问自己的初心是否坚定、使命是否践行。

往深了说，现在仍然处于贫困线边缘的老少边穷地区，恰恰在革命年代为整个中国解放和人民幸福作出了很大牺牲。他们囿于自然条件和自身能力的不足而没有脱贫，每一位分享幸福红利的人都有责任伸出手来，每一名共产党员更有义务掏出心来，群策群力，携手同心，为他们摆脱贫困创造主客观条件。

刘永富同志介绍说，从区域看，全国还有670多个贫困县没有摘帽，有 23 个地市州贫困人口超过 30 万、5 个地市州超过 50 万，特别是"三区三州"贫困发生率高达 14.6%，各省确定的 334 个深度贫困县贫困发生率 11.3%，有 1.67 万个村贫困发生率超过 20%，2020 年如期脱贫难度很大。从群体看，剩下的 3000 万贫困人口，很多是长期患病者、残疾人、孤寡老人等特殊贫困群体，以及文化水平低、缺乏技能、内生动力不足的贫困群众。从工作看，不落实不到位不精准的问题依然存在，形式主义、官僚主义问题屡禁不止，脱贫进度和脱贫标准把握不准，急躁情绪与消极拖延现象都有，盲目提高标准和随意降低标准并存，弄虚作假、数字脱贫在一些地方比较突出。

共产党人，既然把"人民"写在了自己的旗帜上，抓好脱贫攻坚，就是义不容辞、理所当然的事情。

5

"坚持党的领导，发挥社会主义制度可以集中力量办大事的优势，这是我们的最大政治优势。"我们常常在中西比较中，解读中国特色社会主义的优越性。扶贫攻坚，是最能体现这种优越性的领域之一。这也是中国抓好扶贫工作的国际意义所在。

这些年来，我们坚持以人民为中心的发展思想，大力实施精准扶贫、精准脱贫，发挥中国制度优势，坚持政府主导，深化东西部协作，动员全社会参与，把扶贫同扶志扶智相结合，开发式扶贫同保障性扶贫相统筹，确保到 2020 年消除绝对贫困。

经常出国的同志会发现，在一些发展中国家，包括一些发达国家，贫民窟现象比较普遍。在富丽堂皇的高楼大厦背面，遍布着贫民窟。几年前，我的同事实地调查，邻国印度的贫民窟人口达到了 1.7 亿，其中孟买最多，为 1100 万，占到该城市总人口的 2 / 3。在巴西，约有 650 万巴西人生活在近 4000 个贫民窟中。

近年来，美国面临的贫民区问题也十分严重。几乎所有美国大城市都开始患上了这样的通病——因白人和有钱人的搬出而造成贫穷人口多居住在城中，形成了难以改变的贫民区。大部分拉美裔美国人都生活在特定聚居区和大城市的贫民社区中。很多面临生存压力的移民选择靠生孩子来维持生计。

中国共产党是有兼济天下情怀的政党。习近平总书记指出："消除贫困是人类的共同使命。中国在致力于自身消除贫困的同时，始终积极开展南南合作，力所能及向其他发展中国家提供不附加任何政治条件的援助，支持和帮助广大发展中国特别是最不发达国家消除贫困。"

中国改革开放 40 年来，艰苦奋斗，自力更生，依靠自己的力量消除了世界上 1/10 的贫困人口。单凭这一点，就是对整个世界做出的巨大贡献。世界银行今年年初发布的《中国系统性国别诊断报告》称，中国在快速经济增长和减少贫困方面取得了"史无前例的成就"。世界银行中国局国别业务主任苏薰燮说："中国在减少极端贫困进程中取得了显著进展，对全球减贫事业做出了重要贡献。"

相比于只会嚷嚷"地球恐将无法供养中国"的自私言论而言，这样的报告和评论还算公允。它也足以凸显中国减贫的世界意义，尽管我们并不以此为终极目标。

6

调研期间，晓峰同学说起他在西藏任职时的一件事。

在他担任县委书记的一个乡村，没有成型的道路，汽车根本开不进去，去村里调研只能借助拖拉机或步行。几经周折，四处"化缘"，县里终于筹措了 30 万元。当道路修到了村里，他再到村里调研时，村民就可劲地往他手里塞煮熟的鸡蛋。他没法推辞，只能一个一个地剥开，吃下去。这是村民表达情感的朴素方式。

晓峰同学说，那天他一口气吃了十多个鸡蛋。

咱们的领袖毛泽东

◎ 2018 年 11 月 27 日

1

今天，再一次走进毛主席纪念堂，瞻仰毛主席遗容，缅怀毛主席。

广场上，依然排着长长的队伍。我的父母每次来北京小住，都会趁我们上班时自己坐车到天安门，像这样排着长队，进到纪念堂看看毛主席。父母都是 70 多岁的老人了，常年在农村生活，文化程度不高，也讲不出什么大道理，只是一种朴素的情感，驱使着他们必须去看看主席。

前不久出差去长沙，下了飞机就冒雨去了韶山，用了一个多小时，匆匆参观了毛主席故居、铜像广场和纪念馆。不为别的，就为了却一桩夙愿。在有些事情上，内容已不重要，形式本身就可以涵盖几乎所有的意义，比如专程去韶山看看毛主席故居。

中国人讲"桃李不言，下自成蹊"，何况毛主席已经久负国际盛誉；中国人还讲"滴水之恩，涌泉相报"，何况毛主席缔造了一个先进政党、一支人民军队和一个共和国，带领中国人站立在世界东方。所以，在中国人朴素的情感里，衷心怀念毛主席，一点也不足为奇。

187

关键是，这种朴素的情感，还会以朴素的形式代代相传，铭刻在民族的基因里。

2

上半年在延安学习的时候，中国延安干部学院副院长赵耀宏教授从六个方面阐释了毛泽东独特的领导能力与艺术：

（一）周密细致的调查研究艺术。（二）统筹兼顾的运用矛盾转化规律艺术。（三）高瞻远瞩的战略与策略艺术。（四）出神入化的预见与科学决策艺术。（五）炉火纯青的用人艺术。（六）精妙绝伦的描绘中国革命图样艺术。

赵教授引述斯诺的话概括毛主席的伟人风范：毛泽东是天才的军事和政治战略家，有一种坚定宏大的气魄，以非凡的能力综合表达了亿万中国人民最迫切的要求；具有十分动人的幽默感；博览群书，对哲学和历史很有研究，口才出众，记忆超人；对工作一丝不苟，是一个精力充沛、不知疲倦的人。

作为毛主席多年的战友，周总理作出了这样的评价：毛泽东具有中华民族的谦重实际，中国农民的朴素勤勉，知识分子的好学深思，革命军人的机动沉着，布尔什维克的坚忍顽强。毛泽东是跟中国人民血肉相联系的，是跟中国的大地、中国的社会密切相关的人民领袖。

在纪念毛泽东诞辰 120 周年座谈会上，习近平总书记强调指出：毛泽东同志是伟大的马克思主义者，伟大的无产阶级革命家、战略家、理论家，是马克思主义中国化的伟大开拓者，是近代以来中国伟大的爱国者和民族英雄，是党的第一代中央领导集体的核心，是领导中国人民彻底改变自己命运和国家面貌的一代伟人。

这是历史的评价，这是人民的评价。

3

上午参观时，我在留言簿上写下几句肺腑之言：

斯人已逝，魂归千古；

历史洪流中，挽狂澜于既倒；

民族丛林里，擎巨人于东方。

向人民领袖、革命导师、不朽伟人毛主席致以崇高的敬意！

人民永远怀念您！

在延安学习期间，参观了凤凰山毛主席旧居。就是在这个阴暗的窑洞里，毛主席奋笔疾书，写出了《实践论》《矛盾论》《论持久战》这样的光辉经典。彼时，毛主席也就是我现在这个年纪。当我们还在为工作、学习、生活奔忙和焦虑时，毛主席早已经运筹帷幄、指挥若定，展示出卓越的领导能力。

再往前十年，毛主席刚届而立之年时，就已经写下了《中国社会各阶级的分析》这样影响深远的名篇。"谁是我们的敌人？谁是我们的朋友？这个问题是革命的首要问题。"仅仅开篇这一句话，就力透纸背，足见深邃。

用我等凡夫俗子的能量比拟伟人，总是多有不敬。但是用我们普通人的视角去思考伟人，可能更能深化对伟人的崇敬。

比如眼界。在我们党还处于幼年探索期，面对国民党反动派的血腥屠杀时，毛泽东及时提出了"枪杆子里出政权"的观点，确定了"党指挥枪"的原则，并且逐步打破教条主义的束缚，走出了农村包围城市、武装夺取政权的道路。1944 年 7 月，美军观察组成员约翰·S.谢伟思说："我曾问过很多中国共产党的朋友，毛主席为什么能战胜他的许多敌人，成为众所公认的领袖，他们的答案都是一致的，归根到底，他高瞻远瞩。"中共党内，人才济济，毛泽东几经周折，脱颖而出，受到一大批功勋卓著、能力超群的战友们的衷心拥护，这是为什么？

比如胸怀。抗美援朝箭在弦上，彭德怀等领导同志都不同意毛岸英赴朝鲜战斗，毛泽东回答："谁叫他是毛泽东的儿子。"得知毛岸英阵亡的消息后，毛泽东抽起香烟，沉思许久才说："打仗嘛，总难免要有牺牲。"直到毛泽东逝世十多年后，工作人员在整理遗物时才发现，毛岸英当年用过的衬衣、帽子和毛巾，被整整齐齐地叠放在毛泽东的箱底。强忍丧子之痛，依然纵横捭阖，作为一位久别重逢又痛失挚爱的老人，很难想象20多年里，这些衣物关联着什么？

比如胆识。中华人民共和国成立之初，面对美国，当党内对于是否要出兵朝鲜争执不下的时候，毛泽东指示：要准备同美国人打仗，要准备打前所未有的大仗，还要准备他打原子弹。他打原子弹，我们打手榴弹，抓住他的弱点，跟着他，最后打败他。我还是那句老话，在战略上藐视他，当作纸老虎，在战术上重视他，当作真老虎。彭德怀元帅说，这个决心不容易定下，这不仅要有非凡的胆略和魄力，最主要的是具有对复杂事物的卓越洞察力和判断力。历史进程证明了毛主席的英明正确。"打得一拳开，免得百拳来。"正值百废待兴，却丝毫不惧强敌，试问，有几人能做到？

比如气魄。"帝国主义侵略者应当懂得：现在中国人民已经组织起来了，是惹不得的。如果惹翻了，是不好办的。""胜利的信念是打出来的，是斗争中间得出来的。比如，美国人是可以打的，这是一条经验。这条经验，只有打才能取得。美国人是可以打的，而且是可以打败的。要打破那种美国人不可打、不可以打败的神话。"如若势均力敌，此言不足为奇，但是放在中华人民共和国成立初期中美对比的情境下，足见其分量。如果把它置于当前的中美语境中，是不是更能体会其间深意？

比如才情。毛主席是文章大家，他的文章深入浅出、妙趣横生、摧枯拉朽、笔力雄浑；毛主席是诗词大家，他的诗词大气磅礴、汪洋恣肆、句句是情、字字千钧；毛主席是书法大家，他的书法笔走龙蛇、挥洒自如、纵横飘逸、苍劲如铁。我常在想，即便抛开毛主席的丰功伟绩，不论毛主席的文韬武略，单凭他的文学造诣，就足以让我这样整日爬格子、靠文字为生的人叹为观止，如仰高山，如临瀚海。想不明白，一些宵小之辈，对毛主席语出不敬、恶意羞辱，他们的底气何来？他们的良知何在？

4

毛主席已经离开我们40多年，但他留给后世的物质和精神成果依然值得我们铭记。

比如实事求是的作风。毛泽东历来反对死读书、读死书。他不仅重视书本知识，而且重视实际知识；既提倡读有字书，也提倡读无字书。坚持从实际出发，理论与实际相结合，不做口头上的巨人、行动上的矮子，至今仍然是我们克服官僚主义、形式主义的好作风。

比如好学深思的态度。毛泽东一生勤奋好学、博览群书，他的才能与智慧，是他丰富的革命实践经验和广博的阅读积累共同结出的硕果。毛泽东曾说过："人有了学问，好比站在山上，可以看到很远很多的东西。没有学问，如在暗沟中走路，摸索不着，那会苦煞人。"我们今天面临本领恐慌时，非常有必要好好想想这番话。

比如不屈不挠的品格。在中共党内，毛泽东多次受到打击和排斥，被开除党籍，被撤职，但即便被解除了工作的权利，他依然说还是要搞共产主义。他始终满怀革命必胜的信念，不为官、不为钱，不怕苦、不怕死，为信仰而生，为信仰而战，为所有共产党人树立了崇高典范。

比如一心为民的境界。毛泽东坚信人民是推动历史前进的动力，为民众疾苦而毕生操劳。他指出："只要我们依靠人民，坚决地相信人民群众的创造力是无穷无尽的，因而信任人民，和人民打成一片，那就任何困难也能克服，任何敌人也不能压倒我们，而只会被我们所压倒。"这样的以民为师、为民情怀，至今仍然具有强烈的现实意义。

比如严于律己的风范。人民对毛泽东保有真诚的敬仰和怀念，与他"毫无自私自利之心"，始终同人民群众同呼吸、共命运，把自己的一切毫无保留地贡献给了国家和民族的高贵品格是有关的。毛泽东的一生都在追求理想，而这种理想绝不是他个人的升官发财和贪图享受，而是为了国家和民族的利益，为了中国人民的解放事业。

赵耀宏教授在授课时总结，毛泽东同志属于中国，也属于世界。他不仅赢得了全党全国各族人民的爱戴和敬仰，而且赢得了世界上一切向往进步的人们的敬佩。毛泽东同志的革命实践和光辉业绩已经载入中华民族史册。他的名字、他的思想、他的风范将永远鼓舞我们继续前进。

深以为然！

5

"革命领袖是人不是神。尽管他们拥有很高的理论水平、丰富的斗争经验、卓越的领导才能，但这并不意味着他们的认识和行动可以不受时代条件限制。不能因为他们伟大就把他们像神那样顶礼膜拜，不容许提出并纠正他们的失误和错误；也不能因为他们有失误和错误就全盘否定，抹杀他们的历史功绩，陷入虚无主义的泥潭。"

习近平总书记在纪念毛泽东诞辰120周年座谈会上的这番话，是公允的，是客观的，是完全符合辩证唯物主义和历史唯物主义的。

毛主席是当之无愧的伟大领袖，但他首先是人，不是神。他在遭遇挫折时，也会发脾气；痛失亲人时，也会沉默不语；陷入认识误区时，也会固执己见。对于他的功和过，党的历史决议给予了客观公正的评价，简单地说，就是不诿过、不虚功。这本身，也是毛主席一生都孜孜以求的实事求是作风的内在要求。

评价一个历史人物，需要拉开距离，放大视野，将其放入宏阔的时空中论定。如果将研判的放大镜聚焦于一个狭小的空间、一个短暂的时段，总能找到某一个似乎足以佐证自己观点的细节和片段。但是，如果不把它还原到历史原貌中去解读，不仅是不合历史逻辑的，也是不合事实逻辑的。

现在有些人，总喜欢对一些"二手市场"上淘换来的只鳞半爪如获至宝，假作深沉地解读历史，信心爆棚地"重构历史"。古人说："灭人之国，必先去其史。"歪曲党史国史，把党史国史描绘成一部罪恶史、权斗史、阴谋史，否定已有定论的历史事件和历史人物，贬损革命前辈，诋毁党的领袖，甚至不惜编造事实，竭尽攻击、丑化、污蔑之能事，目的无非是搞乱人们的历史认知，进而从根本上否定党的历史和新中国历史。作为与党的历史和新中国历史紧密相关的伟人，毛主席无疑成了这些人全力开火的目标。

鲁迅先生曾经引用叔本华的话说："要估定人的伟大，则精神上的大和体格上的大，那法则完全相反。后者距离愈远即愈小，前者却见得愈大。"

鲁迅先生说："正因为近则愈小，而且愈看见缺点和创伤，所以他就和我们一样，不是神道，不是妖怪，不是异兽。他仍然是人，不过如此。但也惟其如此，所以他是伟大的人。"

"战士战死了的时候，苍蝇们所首先发现的是他的缺点和伤痕，嘬着，营营地叫着，以为得意，以为比死了的战士更英雄。……然而，有缺点的战士终竟是战士，完美的苍蝇也终竟不过是苍蝇。"

鲁迅先生被毛主席誉为"文化新军的最伟大和最英勇的旗手"，先生早年写下的这些话语，又在身后为毛主席作了最公道的评判。

6

毛主席纪念堂建成41年了。但凡开馆，天安门广场上就会排起长长的队伍。截至目前，已经有两亿两千万人次来纪念堂瞻仰，包括180多位外国元首和政府首脑。

纪念堂里有一幅实景照片。一条绵延九里的队伍，在地表温度66度的广场上蜿蜒排开，人们历经三个多小时，只为了到纪念堂里花不到两分钟的时间，看看主席。这幅照片目前已成为国礼，赠送给许多外国政要。

图片说明这样写道："无论是热浪袭人的盛夏，还是冷风刺骨的寒冬，毛主席纪念堂前始终奔流着一条长长的人河，也许它是世界上流量最大的河，它来自祖国疆域的每一寸土地，来自异国他乡。"

图片说明最后写道："这是一条思念的长河，还将永远地流淌下去。"

理论的味道

◎ 2018 年 11 月 29 日

1

掠燕湖畔，有一近水楼阁，名曰"二味书屋"。

鲁迅先生少时就读于三味书屋。"三味"之说，尽管尚存争议，但有两种说法较为多见：一说"读经味如稻粱，读史味如肴馔，读诸子百家味如醯醢。"另一说"诗书味之太羹，史为折俎，子为醯醢，是为三味"。前者出处似已难考，后者有说出自宋代李淑《邯郸书目》。

为何党校书屋定名"二味"，我一直好奇，总觉得其中必有深意。有人解读——在繁忙的学习之余，就着湖光山色，品一杯香茗，读千卷诗书，茶香书香二味皆美。听上去感觉挺有道理。

理论学习，多方比对，几多咀嚼，也能从中咂摸出不同的味道。大致梳理，概而言之，无外乎苦辣酸甜四种味道。

2

今天，姜跃教授为我们讲授《苏共丧失执政地位的历史教训》。

听完之后我想，从理论指导实践的角度看，苏共何以为自己酿下了一杯亡党亡国的苦酒？悲由何起，苦从何来？

理论从实践中来，又到实践中去指导实践。科学的理论立足于客观实际，又在客观实际中得到了检验，正确地反映了客观事物本质及其规律。马克思主义就是被实践证明了的科学的理论。运用科学的理论指导实践，必须采取科学的态度。理论本身是科学的，又能以科学的态度去运用、发展、完善，理论之水就能浇灌出鲜艳的实践之花。理论是科学的，对待理论的态度不科学，甘泉之下同样会生出苦果。

1917年列宁领导的俄国十月革命，建立了世界上第一个社会主义国家，开创了人类历史新纪元。作为世界上第一个上台执政的无产阶级政党，苏共领导第一个社会主义国家取得了巨大的成就。但是，在连续执政74年后，苏共不仅失去了执政地位，而且遭遇了亡党亡国的历史厄运。其中的历史教训，引人深思，发人深省。

姜教授在讲课中说，20多个年头过去了，面对苏共的历史命运，人们还在不停地追问：一个用先进思想武装起来，由先进分子组成，并一心要为人民谋利益的政党，何以在执政74年后遭遇如此厄运呢？

"十月革命一声炮响，给我们送来了马克思列宁主义。"正是由于俄国十月革命的爆发，直接影响了中国，极大地促进了马克思主义在中国的传播和发展，中国社会许多先进的知识分子接受了马克思主义的世界观，成为具有初步共产主义思想的知识分子。从这个角度看，说苏共是我们的先行者，是我们的老师，应该也不为过。

但是，在此后的岁月里，这位"老师"却没能把握好自己的"研究方向"，处理好自己的"学术成果"。理论偏离了实际，愈发僵化；实践走向了极端，愈发集权。斯大林逝世后，从赫鲁晓夫以降特别是戈尔巴乔夫时期，逐渐形成了一套背离、背弃、背叛马列主义基本原理和科学社会主义道路的路线、方针、政策，从而导致苏共亡党、苏联解体的历史悲剧。

与之相反，中国共产党这个出身贫寒的"学生"，在十月革命胜利实践的鼓舞和激励下，不断探索马克思主义的正确道路，特别是以毛泽东同志为主要代表的中国共产党人通过艰辛探索，坚持实事求是，勇敢提出并不断推进马克思主义中国化，让马列主义以符合中国国情的形式，在中国社会落地生根、开花结果。中国共产党因此成了坚持和发展马克思主义的"优等生"。

两相对比，中苏同样起步于以马克思主义为指导，却走上了不同的道路。事实上，苏共最终垮台，并不是原本意义上的马克思主义无产阶级先锋队的苏共垮台，而是逐渐脱离、背离乃至最终背叛马克思主义、社会主义和人民群众根本利益的苏共垮台。而中国共产党在波诡云谲的变局中，稳住了心神，站定了脚跟，最终带领中国社会迈向了欣欣向荣。

这说明，伟大的实践，必须要有科学的理论为指导。有了科学的理论，却不懂得如何正确指导实践，就会走上歧途，就要栽跟头，就要吃苦头。这是一个惨痛教训，也是一个严肃警示。

3

香辣的食物，许多人都爱吃。辣味很刺激，可以激发食欲，常常令人血脉偾张、欲罢不能。但是，辣的东西吃起来很过瘾，吃多了就要上火。而且，辣味也不适合所有人，对于辣味不耐受的人而言，直接的后果就是一把鼻涕一把泪，牙龈肿胀，哽嗓生烟。

激进的理论，跨越历史的发展阶段，超越现实的承受能力，就如辛辣的美味，看上去很美，闻起来很香，但真要吃进嘴里，轻则吃倒了胃口，重则毁掉了身子。如果着急忙慌地四处找水喝，一不小心还会饮鸩止渴。

革命时期，我们党曾经先后犯过"左"倾盲动错误和冒险主义错误，对革命形势作了根本错误的估计，认为中国革命和世界革命都到了大决战的前夜，没有厘清谁是我们的敌人，谁是我们的朋友，不顾敌人的强大和革命失败后群众的实际情况，试图在中心城市武装暴动，企图一举夺取社会主义革命的胜利。在这些激进的理论指导下，党和革命都遭遇了巨大损失。建设时期，我们也曾头脑发热，脱离当时的生产力发展水平，搞起了"大跃进"，提出"赶英超美""一大二公"，急于过渡到共产主义的急躁思潮蔓延，不少地方违反科学规律，揠苗助长。结果，实践对这些错误理论给予了强烈反弹。一时红红火火，整个社会却被辣得直掉眼泪。

20 世纪 80 年代中期，美国经济学家杰弗里·萨克斯将"休克疗法 (shock therapy)"这一医学术语引入经济领域。当时，南美小国玻利维亚陷入一场严重的经济危机，国民经济几乎到了崩溃边缘。萨克斯被聘担任玻利维亚政府经济顾问期间，大胆提出了一整套被称为"休克疗法"的经济纲领和经济政策，收到了令人难以置信的奇效，创造了"玻利维亚奇迹"。"休克疗法"由此享誉世界，备受世人瞩目。

1991 年底，苏联解体，俄罗斯联邦独立。正当叶利钦准备大刀阔斧来一场深刻变革时，年仅 35 岁的盖达尔投其所好，在萨克斯的点拨下，炮制了一套激进的经济改革方案。叶利钦对其青眼有加，破格提拔为政府总理。1992 年初，一场以"休克疗法"为模式的改革，在俄罗斯联邦全面铺开。结果众所周知，"休克疗法"在俄罗斯遭遇惨败。俄罗斯 GDP 几乎减少了一半，总量只有美国的 1/10，居民生活水平更是一落千丈，健康状况和平均寿命也在恶化。

完全背离自己的国情，照抄照搬别人的做法，失败是必然的。在别人那里称得上美味的佳肴，却根本不是俄罗斯的"菜"。俄罗斯社会被这道"硬菜"辣得七窍生烟，久久缓不过神来。

同样的案例，还发生在那些被强行输入西式民主的非西方国家和地区。以竞争性选举为主要游戏规则的西方民主，被移植到这些国家和地区后，带来的往往是社会分裂、族群对立、政治纷争不断、政局动荡不已、政府软弱无力。究其原因，主要还是因为这些理念与当地的经济基础难以匹配，只能是水土不服的"样子货"，说起来挺诱人，尝起来只能使劲吐舌头。

4

还有一类理论，可以称得上是"酸"理论。

一种是酸腐理论。社会实践不断发展，来源于实践的理论也应及时更新。如果理论总结也搞刻舟求剑，难免要过了"保质期"，发酸变质，无法再用以指导实践。但是事实上，这样的现象还是会不时出现的。当社会存在发生了根本变化之后，旧理论在新的历史条件下仍然顽强地刷存在感，把过去的印象、经验绝对化，用静止不变的观点评判现实事物。例如，社会主义市场经济体制在我国逐步建立并不断完善，已经展现出传统计划经济体制难以企及的巨大优势，但是，攻击市场取向的改革、怀念计划经济时代的思潮却仍然会不时冒泡。

另一种是"酸葡萄"理论。简单说，就是那种吃不到葡萄说葡萄酸的理论。比如，西方近年来渐渐出现了"新殖民主义"等攻击抹黑中非合作的论调。事实上，无论中国如何援助非洲国家，都是不设前提条件的，这同西方国家在给予非洲国家和其他发展中国家援助时，会设置非常苛刻的条件相比，大相径庭。所以，当中国领导人在中非合作论坛上作出"五不"声明时，受到了非洲政界、学界和人民的普遍赞誉。结合西方殖民非洲的黑暗历史，结合中国在非洲受到的真诚欢迎，我们不难看出，"新殖民主义"理论背后汩汩流出的酸水。

同样的逻辑，还体现在西方社会对"一带一路"倡议的攻击上。"一带一路"倡议遵循共商共建共享理念，逐渐获得越来越多国家的认可与接受。但是一些国外学者却频频创造新词，比如"债务帝国主义"，来抹黑"一带一路"。从本质上说，这些论调依然是"中国威胁论"的变种，这种论调的内核，是优势地位渐失的恐慌以及"我的奶酪你也敢动"的张狂。

还有一种理论，也是酸溜溜的，其突出特点是"双重标准"。例如"锐实力"概念。西方把它生造出来，又强加到中国头上，用以指责中国的对外文化交流受政府控制，并且有对西方国家进行价值观渗透、干预文化领域各种自由的政治目的。然而事实上，同样的事，美国和西方做了就是展现软实力，中俄做了就是使用锐实力。这不是双重标准，是什么呢？我们从中体会到的，除了蛮横，就是一种酸溜溜的阴阳怪气，用这种怪话来表达自己的不满，掩饰自己的毫无底气。

5

理论的学习借鉴，是感受理论味道必不可少的环节。理论比如菜谱，菜谱是编制者经验的总结，不可能包罗万象，也不可能放之四海皆受欢迎。如果我们只会照着菜谱依葫芦画瓢，也可能炒出不错的菜，但是我们一定要清楚，我们并不一定能够备齐菜谱中的食材香料，烹饪工具同菜谱要求也常常迥异。关键是，菜谱中规定的某种佐料"少许"，各人理解和掌握是千差万别的，更何况还要掌握火候。

简单地说，菜谱只是给了我们一个基本的参考，具体的煎炒烹炸，还需要我们这些"厨师"根据现有条件，根据家里的实际情况，实事求是地摸索尝试，做出具有自己特色的美味佳肴。

古人云，治大国如烹小鲜。然而真要做到油盐酱醋和刀工火候都恰到好处，无疑对"掌勺者"的专业能力是个巨大的挑战。我们党从革命时期一路走来，有过"照方抓药""按图索骥"的教条主义，也犯过"人有多大胆、地有多大产"的冒进错误。经过一系列血与火的考验，不断推进马克思主义基本原理同中国实际的结合，才走出了一条具有中国特色的革命、建设和改革开放之路。苦尽甘来，中国特色社会主义理论体系就是辛苦劳作之后结出的甘甜硕果。

2012年11月29日，习近平总书记在参观《复兴之路》展览时，讲了一个故事。

一天，一个小伙子在家里奋笔疾书，妈妈在外面喊着说："你吃粽子要加红糖水，吃了吗？"他说："吃了吃了，甜极了。"结果老太太进门一看，这个小伙子正埋头写书，嘴上全是黑墨水。原来他吃错了，旁边一碗红糖水，他没喝，把那个墨水给喝了。但是他浑然不觉啊，还说，"可甜了可甜了"。这人是谁呢？就是陈望道，他当时在浙江义乌的家里，就是写这本书（翻译《共产党宣言》）。于是由此就说了一句话：真理的味道非常甜。

这就是理论的"甜"。

宝剑锋从磨砺出，梅花香自苦寒来。"甜"的理论，是建立在艰苦的实践探索、繁复的分析比较、科学的提炼总结之上的。真正香甜的理论，一定是正确的理论、科学的理论、经过实践检验又能推动实践不断向前的理论。理论的"甜"，是在切实把握理论实质、正确指导实际工作、充分发挥理论效能之后感受到的。这样的甜，不可能一蹴而就，也不可能一劳永逸，需要常怀求真之心、常行务实之举，方能甘之若饴。

6

直到今天中午，经过多方打听，终于才得知"二味书屋"的由来：当初建设单位取名"二味"，乃因自家咖啡和自酿啤酒之醇厚美味。

这个答案，多少让人有些怅然。宛如路遇一翩翩女子，身被薄纱，楚楚可怜。不禁赞曰，果如仙女下凡，又似嫦娥奔月。哪知姑娘怒目圆睁：钥匙落家了，冻得我够呛，谁爱当仙女谁当……

不过，人有时候得给自己留点不求甚解的余地，别跟自己较劲，否则只能让自己闹心。不论"三味"还是"二味"，都将其解读为书香美味，也未尝不可。哪怕这种解释有些一厢情愿也无妨啊，开心就好。

这也是一种人生况味。

舆论的脾气

◎ 2018 年 12 月 13 日

1

今天的课，讲"提高舆论引导能力"。听完之后，深感歉意，因为课前调低了心理预期。

作为一名媒体人，整天泡在舆论场里东张西望、左思右想，原本以为对于"舆论引导"即便谈不上了如指掌，至少也不能算是门外汉，所以对这门课的心理预期远不及像其他课那样高。但是听完秦露老师的课后，突然顿悟——为什么我们排兵布阵，除了需要重视作战部队，还需要重视战略支援部队？

翻了翻笔记本，今天课上的笔记，是这么长时间以来记得最详细的。

2

秦老师的课，分三大部分：一、技术可能中立吗——媒介技术变革下的舆论生态与文明变迁；二、在神化与魔化之间——舆论的内在张力与双重属性；三、这个世界会好吗——重建舆论生态与秩序。

论及中国舆论场生态，秦老师认为，二十多年以来，中国的舆论场在技术发展、媒体所有制变迁、公众心理演变等多种因素的共同作用下发生了巨大变革，从相对封闭单一、党和政府为主导的舆论场，变成党和政府、各种社会组织与机构和公众共同参与、众声喧哗的开放的舆论场，从而带来一系列深刻的变化。党和政府从决定新闻舆论场的唯一力量变成诸多影响因素之一。如果说，在过去的媒体格局和管理体制中，"党媒姓党、党管媒体"问题简单而清晰的话，如今这个问题已经被赋予更为复杂的含义。

在党的新闻舆论工作座谈会上，习近平批评了一些错误的看法，包括当下中国存在传统媒体和新媒体"两个舆论场"的说法："资本为王"的"资本媒体""商业媒体"时代和"人人都有麦克风"的自媒体时代再提坚持党管媒体没有意义的说法；坚持党管媒体主要是对党和政府主办的重点新闻媒体而言、对其他媒体并不适用的说法。

习近平强调指出："党管媒体，不能说只管党直接掌握的媒体。党管媒体是把各级各类媒体都置于党的领导之下，这个领导不是'隔靴搔痒式'领导，方式可以有区别，但不能让党管媒体的原则被架空。"从加强和改进对党的新闻舆论工作的角度看，尽管中国舆论场生态的嬗变对"党媒姓党、党管媒体"提出了挑战，但是以习近平同志为核心的党中央在这个问题上可谓旗帜鲜明、一锤定音。

谈及当前舆论场的主要特征，秦老师认为，当前网络生态趋于平衡，同时舆论场权力节点呈现多元化、复杂化趋势。她用八大效应来描摹当前舆论场的主要特征：平台对接与接力效应、力量联动与蝴蝶效应、真相传播与光谱效应、网络记忆与糖葫芦效应、正反对比与他山效应、网络社群与茧房效应、情感代入与寒蝉效应、群体心理与剧场效应。

巧合的是，我在《舆论的脾气》里也从八个方面描摹了舆论的"脾气"——四种"坏毛病"＋四种"好习惯"。

它生性多疑，任你把事情掰开了、揉碎了讲，讲到你几乎快要怀疑人生，它也照样要钻牛角尖，放出"十万个为什么"等在前方。它锱铢必较，有时就算自知理亏，也要努力寻找你的破绽。倘若你被它记了"小黑账"，就算过去了八百年，它也会翻出来讲一讲。它刚愎自用，常常只顾自己滔滔不绝，根本听不进去反对意见，稍有不同声音，它就会马上翻脸。它作风漂浮，每天脚不沾地、席不暇暖，实际只是爱看热闹、喜欢围观，关键还特别喜新厌旧，有时候热乎劲都过不了一晚……

它坚忍不拔，打破砂锅问到底，不取"真经"不回还，任何想要糊弄了事的思想，最终都会被它啪啪打脸。它古道热肠，见不得为富不仁、为虎作伥，你能感觉到它疾恶如仇，也常常发现它会因为世态炎凉而兀自惆怅。它内心柔软，或者说还有点敏感，时不时会为一个片段、一幕沧桑哭得稀里哗啦，然后随手点赞，播撒阳光。它任劳任怨，尽管每天常说的都是张家长、李家短，但是只要一方有难，它就呼吁八方支援，不眠不休地传递各种正能量……

秦老师的论述偏重学理，我的描述诉诸形象，但就内容而言，可谓异曲同工。

3

论及舆论的双重属性，秦老师认为：舆论既真实又不真实，既靠得住又靠不住。结合自己长期以来对舆论现象的观察与思考，我觉得这种说法可谓一语中的。

整堂课听下来，有多处很受启发。

其一，对"以人民为中心的舆论观"的解读。秦老师提醒，要辩证地看待以人民为中心的双重含义：一方面，人民作为历史的创造者、国家的主人，要尊重和激发人民的创造活力，创新人民民主参与的形式与平台，保障人民行使舆论监督的权利，简而言之就是要对人民"倾听与赋权"；另一方面，要借助舆论的社会整合与道德秩序维系的功能，对偏见、暴力、非理性等倾向和不健康的舆论加以调节引导，防止其伤害个体、群体或者国家整体利益，也就是要对人民"引导和教育"。

因此，所谓"以人民为中心"的舆论观，应当包括三重含义：保障人民民主参与；鼓励人民相互教育形成世风良俗；引导与调控舆论、保护人民不受到舆论暴力伤害。只有统筹把握这三个方面，才能有效实现党性与人民性的统一。

其二，引导舆论的本质在于通过影响情感而影响认知与行动。有句话说得很好——"舆论只是社会的'皮肤'"。从总体和本质层面来看，舆论是趋于理性的，但是在个体、局部和细节上，舆论又是感性的，很容易感情用事。情感决定了对"事实"解读的价值导向，情感偏好决定了对"事实"的选取角度以及自动忽略不愿意看到的"事实"。这就决定了，要想明理，先得诉情。

我们的一些舆论引导，没有把被引导对象视为活生生、有情感的人，而是看作被动接收信息的"靶子"，大段大段地推送一堆"政治正确"、文采飞扬的信息，却不去考虑对方思想难点、情感痛点和兴趣重点，方法单一，方式简陋，结果不仅难以产生效果，久而久之还让被引导对象产生审美疲劳和逆反心理。

其三，大传播理念。秦老师总结罗列了六条：所有的言论本身都是政治行动，所有的舆论议题都是政治议题，所有的宣传都要在对话与交流中完成，所有缺乏影响力的传播都是无效传播，所有缺乏沟通的决策都存在巨大的舆论风险，所有不主动建构的形象一定是负面形象。

结合舆论场上的一些典型案例，仔细琢磨这些理念，深以为然。

4

舆论是维护社会安全运行的"消气孔"和"安全阀",可以使人们的不满情绪以化整为零的方式及时释放出来,有效缓解社会系统的内部压力,增强社会的凝聚力、吸附力与亲和力。从这个意义上说,各级领导干部能不能从战略高度看待舆论,不仅关系到舆论工作能否顺利开展和取得实效,关系到新形势下党的执政能力建设,也关系到社会的和谐稳定。

这里所说的各级领导干部,当然绝不仅仅指的是宣传思想文化战线的工作者。这里有一对关系,尤其需要引起重视:"舆论眼中的官员"与"官员眼中的舆论。"

新闻舆论工作的一大职责,或者说一大功能,就是舆论监督。舆论监督的对象主要是各级领导干部。从另一个角度看,也可以说各级领导干部构建了舆论监督的主体外部环境。

从舆论的角度看,官员这个群体既是社会大众的一部分,又有区别其他社会群体的特殊性。官员是社会的管理者,承担着协调社会利益、化解社会矛盾的任务,是社会舆论关注的重点人群。他们能否公正处理公共事务、个人能否洁身自好,等等,都是社会各界关注的焦点。

因此,一些在普通人看来稀松平常的事情,只要与"官"相连,常常就会引起轩然大波。陷入舆论危机的官员如果不能正确对待和回应舆论关切,就很容易引发次生舆情,产生更大的舆论冲突。

从官员的角度看,舆论常常被视为"麻烦的制造者"。重视新闻舆论工作是我们党的优良传统,是我们党保持同人民群众密切联系的重要途径。但是毋庸讳言,作为舆论监督的重点人群,各级官员对待舆论的心态比较复杂。

较为普遍的心态有:视舆论如危墙,敬而远之;视舆论如猛兽,心存忌惮；视舆论如利剑，坐立不安。对待舆论的态度，概括起来，就是怕、躲、绕、闭。对待舆论监督常用的手段，就是拖、封、堵、删。

究其原因，主要有三个：一是因为长期以来形成的"只做不说""等等再说"等不合时宜的观念；二是因为我们有"言多必失""祸从口出"这样的古训；三是相较于在竞选文化中泡大的西方官员，我们各级领导干部还很缺乏面对媒体、回应舆论的训练。

更现实、更主要的原因，是舆论会聚焦、放大一个片段、一个细节。一个不经意的言行，就可能形成舆论热点，掀起舆论风暴，身陷舆论危机。比如"表叔"杨达才的微笑、"最牛房产局局长"周久根的香烟。由于媒体格局和舆论生态的嬗变，舆论的影响力、覆盖面、精准度都较以往有非常大的提升。这在客观上有利于加强监督，让官员更加谨言慎行、洁身自好，另一方面也必然让官员群体对舆论更为忧惧。

但是，舆论对社会发展各个领域的影响是全方位、深层次、高强度的。你可以对舆论置之不理，但是舆论却从没忘记在暗处盯着你。俗话说，三人成虎、众口铄金。一句"人言可畏"，就足以展现舆论的杀伤力和人们面对舆论的恐惧心理。所谓"舌头根子底下压死人"，许多人总以为自己只是"吃瓜群众"，喜欢随大流地让自己的唾沫汇成河流。殊不知，舆论随时都能把任何一名"吃瓜群众"变成别人手中的"瓜"。

作为舆论关注的重点群体，在当前的媒体格局和舆论生态下，各级领导干部如果不懂舆论、不理舆论，不啻加油站里抽烟、干草堆上玩火。

这也许就是党校学习中，安排"提高舆论引导能力"课程的原因。

5

还要注意，凡事都怕过犹不及。

对于舆论，既需要倾听，又需要引导。课上秦老师讲到，在互联网出现的早期，我们面对网络舆情时，由于不熟悉和惧怕，所以出现了逃避、仇视和怨恨的心理，姑且称之为"因怕成恨"；随着互联网的发展和我们对它理解的深入，我们一些地方、一些部门、一些同志又有时候走到了另一个极端上去，就是一味退让、迎合和讨好。换句话说，就是"因怕成媚"。

是不是这样呢？当我们的一些司法活动被舆论牵着鼻子走的时候，当我们的一些人民内部矛盾遭遇"小闹小解决、大闹大解决"的闹剧时，当我们的一些有利长远的决策因为"邻避效应"受到舆论声讨时，如果不能实事求是地坚持真理、保持定力，我们是不是应该反思，这是对舆论的尊重还是对舆论的不负责任？

大有的冬

◎ 2018 年 12 月 14 日

1

秋天是北京最美的季节。大有的秋，为此作了最好的注解。

几个月前，裹挟着夏的尾声和秋的序曲，我们走进大有。耳听着秋风起，眼见着秋意浓，银杏渐次由绿转黄，红枫日益血脉偾张，还有雪松、侧柏、垂柳、响杨，各按各的韵律和节奏，加入秋日私语的合唱。

红的、黄的、绿的、蓝的，动的、静的、高的、矮的，明的、暗的、清的、糊的……大有的秋就是这样，它是各种美的元素，不规则地按着规律铺陈，杂乱而有序，美艳而清纯，不可方物，不忍惊扰，唯愿驻足。

对这一切，掠燕湖边的天鹅看在眼里，却不以为意；二味书屋下的锦鲤兀自嬉戏，也置之不理；树丛间爬高上低的小松鼠，更是无暇浏览。它们是幸福的，因为这美景，只是它们生活中的"标配"，它们似乎的确有理由，不必为此生出什么额外的欣喜。真是可怜了，我们这些为此兴奋不已的人们！

然而秋是必然要走的，正如冬必然要来。11 月初，我们出门学习调研两周，回来一看，大有的秋没了，大有的冬到了。

2

中央党校，在大有庄。

据说，大有庄已有几百年历史，在明代就已形成小村落。清漪园（颐和园）建园后，得有人当差，生意人也纷至沓来，大有庄逐渐人丁兴旺。1956 年，经北京市人民政府批准，中央党校开始在大有庄地区兴建校舍，1962 年前后落成。此后，大有庄 100 号，就成了中央党校的门牌。

党校是轮训和培训党的各级领导干部和马克思主义理论干部的学府，是学习、研究、宣传马列主义、毛泽东思想和中国特色社会主义理论体系的阵地，也是各级领导干部加强党性锻炼、提升党性修养的熔炉。

中央党校在全国党校系统中有着举足轻重的地位。党的近几届全国代表大会召开前，党的总书记都会到中央党校发表重要讲话，为全国党代会的顺利召开作重要的思想理论准备。

正因为这样，中央党校在国外的影响不断扩大。不少国外的重要研究机构和著名高校十分关注中央党校在一些重大理论问题、现实问题上发出的声音，许多国外政要把到中央党校演讲作为一种荣誉和礼遇。我们这次学习过程中，来华访问的埃及总统塞西就专程到中央党校进行了参观和演讲。

国外学者和政要关注党校、了解党校、研究党校，是因为党校是中国共产党直接兴办的学校，他们试图从分析中央党校的各种信息中观察中国共产党的动向。

3

党校校园的东、南、西、北四周，被自我循环流淌的湖泊水系环绕。从建筑布局到庭院设计，从自然风貌到人文景观，都为四季的花开花谢和历年的人来人往留下了充足的发挥空间。

大有的冬来临时，北风萧瑟间，枝向苍穹，叶落满地，整个校园豁然开朗。院子里散步的人少了许多。冷风刺骨，人们理性的选择是躲到屋里暖和暖和。如果说大有的秋是一幅印象派油画，气氛浓烈、异彩纷呈，那么大有的冬更像是简笔素描，线条简洁、风格质朴。

倘若要挑一个季节来比拟中央党校的气质，我觉得，大有的冬，当仁不让。

有冬天般的冷峻，党校的教学与研究才能保持定力：坚持党校姓党，坚持实事求是，哪怕各种理论满天飞、各种思潮随处涌，任它"乱花渐欲迷人眼"，也能"乱云飞渡仍从容"。

有冬天般的简明，党校的教学与研究才能明确方向：坚持以问题为导向，以我们正在做的事情为中心，以马克思主义为指导，着眼于对实际问题的理论思考，着眼于新的实际和新的发展，不做花里胡哨的演绎，不搞哗众取宠的解读。

有冬天般的清醒，党校的教学与研究才能心无旁骛：专注培养党的各级领导干部，充分发挥党的思想库作用，用学术讲政治，以科研促党建，聚精会神完成好资政育人的神圣使命。

我们总是感慨春的生机、夏的炽热、秋的收获，也会因为白雪皑皑，感叹冬的美丽。其实，冬天更值得一提的，是希望。在枯叶覆盖的大地上，在表情僵硬的泥土里，希望在无声地酝酿，在静默地滋长，只待朔风回转，东风袭来，它就把生命的接力棒交到春的手上。生根吐芽，遍地繁花。春既来，冬即走开。人们吟咏春的赞歌时，冬早已挥一挥衣袖，不贪恋一片春的云彩。

1933 年 3 月 13 日，中央党校的前身，马克思共产主义学校在中央革命根据地江西瑞金创办。这是一个繁花盛开的春日。但是一系列酝酿、筹备的工作，应该都是在低调朴实的冬天里展开的。

经历了战争年代的搬迁流转以及"文革"时期的停办，中央党校 1977 年 3 月复校，从此蓬勃发展至今。这一次的复校，又是在春天。但是谁都知道，中央党校复校前的那几个月，经历了"文革"结束后的第一个冬天。那个冬天，收拾了过往的凋零，孕育了崭新的春天。这是人民的春天，也是党校的春天。

1941 年冬，毛主席为中央党校题词"实事求是"。当年底，毛泽东为中央党校制定了"实事求是，不尚空谈"的校训。冬天，以这样的烙印，铭刻在中央党校的历史记忆里。

大有的冬，更是与中国几十年来的政治进程紧密相连。

1978 年冬，党的十一届三中全会胜利召开，拉开了改革开放的大幕。在这前后，中央党校推动了真理标准问题大讨论，为恢复党的实事求是思想路线、实现全党工作重点的转移起了重大作用。

近年来，冬春之际，岁尾年初，中央都会在中央党校举办高级干部专题研讨班，研究部署重大理论和实践课题，推动党的大政方针的贯彻落实。中国改革开放各项事业的集结号和冲锋号，不时在大有的冬天里吹响。

所以，党校的气质，真的很"冬天"，美得既有深度又有力度。

4

2010 年 6 月，时任中央党校校长的习近平同志在同中央党校领导谈到对学员的要求时说，我们党需要有一批"踱方步"的人。所谓"踱方步"，就是迈着四方步考虑党和国家大事的人。

安排领导干部到党校学习，是组织上为大家在工作"热运行"中提供一个"冷思考"的宝贵时机，创造一个能静下心来"踱方步"的宝贵时机，使大家有时间来回顾和总结自己以往的工作与生活，从中汲取经验与教训，坚持真理、修正错误，使自己的认识和工作立于新的起点，实现新的提高。

离开繁忙的工作岗位来中央党校学习，机会难得，必须珍惜。交流中，几乎所有的同学都表示，要把来党校学习作为一次"充电""蓄能"的机会。大家听课时专心致志，研讨时畅所欲言，自学时闭门苦读，都想抓紧时间认真学习，力求学有收获、学有所得。

平日的课程安排很满，大家能够凑在一起"踱方步"的时间，基本上也就是饭后这一段时间。但其实并不止于此，不管是上课还是研讨，也包括外出调研和体验式教学，大家都在思想空间里踱着"方步"。

我们的同学来自不同地方、不同部门和不同工作领域，来自四面八方、五湖四海，大家的知识积累、经验积累和个人经历、政治阅历也都不同。这种学员构成，给大家提供了一个相互交流、相互学习的良好环境，也为提升"踱方步"的质量创造了很好的条件。

而我则庆幸，能够在秋季入学。这样，既领略了秋的华美，又经历了冬的严肃。在大有的冬天里，体悟党校的特质与价值，正逢其时。

5

唯一令人对大有的冬生出些许抵触情绪的因素，就是别离。随着毕业的日子渐渐临近，离愁别绪也在大有的校园里蔓延开来。

起初刚来时，大家计算的是已经来这学了多少天。现在，每每在冬日的暖阳中漫步，大家估算的基本都是还有多少天就得离开。从秋天走过冬天，大家一起学习、一起锻炼，坦露心扉、直言不讳，严肃活泼、相谈甚欢，宛若回到了十几二十年前的学生时代。

因为机构改革的缘故，我们这个党支部有幸先后结识了两位组织员老师。

卢老师是山东人，但总觉得他的处事风格跟我们南京人相似，我们的口头禅是"多大事啊"。平日里，卢老师就是这样举重若轻，原则性与灵活性兼具。因为工作需要，不到一个月他就离开了我们这个集体，但是我们却觉得从没分开。

田老师属于温婉大姐范儿。讲话入情入理，办事井井有条，每次党支部研讨时的评点，有高度、有深度、有温度。特别是最后一次从政经验交流之后的总结，说得我鼻子发酸，一种备受尊重、备受理解的感觉油然而生。

经过几个月的朝夕相处，不论是同学间，还是和老师们，彼此都建立起亲切的情感关联。临到分别时，一帮原本早已老成持重多年的中年人，也不由得躁动起来。

艳国是班上的才子，他为即将到来的惜别写了一篇美文，为大家串起了往日的点滴，也为来日准备了多彩的回忆。他在文章最后写道：同学暂别，天各一方。你我相惜，来日方长。

冬日的校园，小桥流水，亭台香榭，依然各美其美。它们早已熟稔各种离愁别绪。每年冬季的这个时候，它们观摩着相似的剧情，只是主角总在变换而已。空气里弥漫着的，有时是讨厌的雾霾，但更多的是清澈的情感，还有丝丝的暖意。

6

　　"大有"一词出自《周易》第十四卦，即大有卦。此卦该当何解？有说"大有"就是大的所有，表示伟大事业的意思；有说"大有"就是大大的有，是力量、物资、气运充沛的意象；还有说"大有"象征着君主善于吸纳天下贤才为我所用。

　　我对此毫无研究，不懂如何解卦，但是从这些解释的字面意思来看，都挺不错。

　　再说冬天。人们总是喜欢引用诗人的名句："冬天来了，春天还会远吗？"潜台词里，冬天成了一种悲凉，一种苦难，一种必先除之而后方快的情感。人们想以此表达的，当然更多的是对未来的向往、对幸福的渴望。不过，这对冬天是不公平的。无论如何，冬天都不应作为希望的对立物而遭嫌弃。没有冬的联结，秋实与春华只能断裂。冬日里孕育的种子，在严寒中积蓄力量，只待春日一朝勃发。这是一场生命的酝酿。

　　由此说来，大有的冬，简直就是好上加好。

安全之"舆"

◎ 2018 年 12 月 17 日

1

党校学习临近期末，有两件大事要做：一是写毕业论文，二是复习迎考。党校校训是"实事求是，不尚空谈"，这就意味着，考试不可能"走过场"，论文不应该"放空炮"。所以，两件事都不轻松。

这一阵，同学们见面打招呼，基本都是问"复习得咋样""论文好了没"。一帮离开校园多年的中年人，仍然保持了对学习的敬畏，诚惶诚恐，有时又忍不住调侃几句自我解嘲。对门老胡这两天没再扛着相机满校园转，口头禅也变成了"我在写文章"。一天在饭桌上，老丁操着陕北口音喃喃自语：看着大家写论文的写论文、看书的看书，吃晚饭都有压力呢！

2

按照教学计划，考核论文需要结合理论课程的学习，围绕新时代中国特色社会主义重大问题自行定题。研究现实问题要有理论分析，研究理论问题要联系实际，有创新或有独立见解，不能写成工作报告。

这也体现了实事求是的工作作风和理论联系实际的学风。

同学来自各个行当，干什么便吆喝什么。我来自媒体，自然会把论文选题定在舆论工作上。我的核心观点是，建议将"舆论安全"明确纳入国家安全体系，进行统筹谋划和战略部署。这项工作迫在眉睫，意义重大。

提出这个问题，基于长期以来对舆论同国家安全深度关联的理论思考，基于对苏联解体等政治事件的教训总结，基于对中国面临的国际国内舆论环境的现实把握。

习近平同志在党的新闻舆论工作座谈会上强调指出："历史和现实都告诉我们，舆论的力量绝不能小觑。舆论导向正确是党和人民之福，舆论导向错误是党和人民之祸。好的舆论可以成为发展的'推进器'、民意的'晴雨表'、社会的'黏合剂'、道德的'风向标'，不好的舆论可以成为民众的'迷魂汤'、社会的'分离器'、杀人的'软刀子'、动乱的'催化剂'。"这段话，深刻揭示了舆论之于国家安全的重要意义。

舆论学研究者认为，舆论具有两极性：如果舆论的各项功能正常、有序地发挥，舆论就会给人的活动提供正确的认识方向，成为维护社会和谐稳定和国家长治久安的积极因素；反之，舆论就会成为威胁国家安全的一个重要因子，对社会稳定和国家安全产生威胁、破坏作用。当舆论对社会发展产生的消极破坏作用集聚起足够能量，即舆论的负功能释放到一定程度时，就会影响国家安全。

这是有现实教训的，比如苏联解体。苏联解体是多种因素综合作用的结果，其中，舆论安全失守是重要原因之一。有学者把苏联从新闻改革到政权丧失的过程概括为一个模式：新闻改革—媒体放开—外力介入—阴暗面曝光—群众不满情绪积累—反制无力—舆论彻底失控—政权丧失。这个概括很能说明问题。

正是大量反共反社会主义的舆论一点一滴、不动声色地蚕食，掏空了苏联意识形态大厦的根基，掏干了苏联国家舆论机体的血液，最终引发了社会舆论的分裂，加速了苏联演变的步伐。教训不可谓不深刻。

当前，我国面临严峻的舆论安全形势。从国际层面看，西方敌对势力对我西化、分化的政治图谋没有根本改变，"西强我弱"的舆论格局没有改变。中国在世界上的形象很大程度上仍是"他塑"，而非"自塑"，常常处于有理说不出、说了传不开、传了听不进的境地。"落后就要挨打，贫穷就要挨饿，失语就要挨骂……'挨骂'问题还没有得到根本解决。争取国际话语权是我们必须解决好的一个重大问题。"

从国内层面看，我国正处于舆论冲突易发、多发的特殊时期，积极加强舆论引导，竭力维护社会稳定，为我国改革开放和现代化建设营造良好的舆论氛围，成为舆论工作的重中之重。

从舆论生态层面看，以网络为代表的新兴媒体，已逐渐担负起跨媒体、跨区域、跨层次舆论传播媒介的角色，日趋成为舆论生成的策源地、舆论传播的集散地、舆论交锋的主阵地。舆论生态呈现的去中心化、可操纵化、非理性化、板结化、扁平化等特征，直接影响了舆论引导的走向、效果等。

所以，提出舆论安全命题，从国家战略层面规划舆论工作，势在必行，利在长远。

3

不论是封建社会的"三纲五常"，还是资产阶级的"自由、平等、博爱"，都属于统治阶级精心提炼、组织和传播的国家舆论。也就是说，任何一个朝代，任何一个国家，不论采取什么方式、采纳什么内容，都有其积极推广和传播的国家舆论。当今世界，社会主义中国如此，西方资本主义国家也是如此。

当代中国的国家舆论，是以马克思主义中国化的最新成果为指导，以维护最广大人民根本利益为目的，以维护社会和谐稳定、促进社会全面发展为现实追求的舆论。就实质而言，当代中国的国家舆论是社会主义核心价值体系在舆论领域的体现，或者说是社会主义核心价值体系的舆论形态。

国家舆论同政党舆论、新闻舆论和公众舆论等不同层次、不同类别的舆论之间，有共识、有分歧，有合作、有斗争。国家舆论在整个社会的舆论系统中，处于顶层位置，占据主导地位，对新闻舆论、公众舆论等中下层舆论具有强大的势能和压力。为了维护统治阶级的利益，保证社会的和谐稳定与国家的长治久安，国家舆论必然要借助这种优势，依托必要的权力资源，对其他舆论进行统摄、引导和调节，以使整个舆论系统朝着符合统治阶级利益的方向发展。这是舆论调控的必然性和必要性的内在逻辑。

我们常说的"以正确的舆论引导人"，就是要用国家舆论引导人，就是要引导人们真心接受社会主义核心价值观，自觉以社会主义核心价值观为依据和标准，对相关事物做出顺应时代潮流、切合人民利益的价值判断，形成有利于社会健康发展的舆论。

一般而言，国家舆论的基本功能有两个：对内维护社会政治稳定；对外塑造良好国家形象。这两种功能是国家舆论的使命所系、功能所在，如果这两种功能中的一种或两种受到某种因素的影响而受到制约，就会威胁、危害到国家舆论基本功能的正常发挥，此时，国家舆论就处于不安全状态。

所以，舆论安全是指在复杂多变的国际国内环境中，国家舆论在维护社会政治稳定、塑造良好国家形象方面的基本功能免受威胁和危害的状态。尽管舆论安全包括了多方面的内容，但其中最核心、最基本的内容是三个：传播安全、引导安全和自我更新安全。

国家舆论的传播能力、引导能力和自我更新能力是相互依赖、相互促进的整体，其中任何一个方面出现问题，都会影响到国家舆论整体功能的发挥，进而危及国家安全。

4

在 2014 年 4 月 15 日召开的中央国家安全委员会第一次会议上，习近平同志首次提出"总体国家安全观"，强调要走出一条中国特色国家安全道路。这次会议列举了 11 种"安全"类型，尚不包括"舆论安全"。

我以为，这主要出于两个方面的考虑：一是因为从理论上对"舆论安全"问题的研究还需进一步深化和升华；二是因为实践中常常把"舆论安全"等同于或归入政治安全、文化安全、网络安全等亲缘概念，有时也会同社会安全、信息安全等概念混在一起。实际上，舆论安全同这些概念之间实际上存在着明显的区别。

首先，安全客体不同。舆论安全与上述几种相关安全类型的客体存在交叉关系，这种交叉关系的交汇点是"意识形态"。换句话说，维护某种"意识形态"，是舆论安全及政治安全、文化安全、意识形态安全、社会安全、网络安全等都要涉及的内容，这反映了它们彼此之间剪不断、理还乱的复杂关系。但是，舆论安全的客体是国家舆论，即舆论安全体现于舆论领域，任务是要维护国家舆论的传播、引导和自我更新能力的正常发挥，这同政治安全、文化安全等都截然不同。

其次，安全威胁不同。从内部来看，国家舆论一方面有可能会因为各种原因导致传播效果不佳，削弱了应有的传播能力；另一方面，也可能会因为社会结构变动等原因，导致国家舆论正常发挥统一思想、凝聚力量作用的难度加大，削弱了应有的引导能力。从外部来看，一个国家有可能会因为自身传播和引导能力的孱弱，或是受到国际强势舆论的刻意挤压和遏制，导致在国际社会中的表达权、话语权和申诉权得不到应有保障。总之，舆论安全的威胁来自舆论领域，这一点与其他安全类型迥异。

第三，安全目标不同。舆论安全的目标包括两个方面：一是对内的舆论安全。只有国家舆论对社会成员的传播和引导不受各种因素干扰，国家舆论始终拥有对社会舆论应有的统摄和控制能力，国家舆论才称得上安全。二是对外的舆论安全。只有国家舆论的对外传播不受挤压和遏制，国家舆论在国际社会中始终能够正常行使国家应有的表达权、话语权和申诉权，国家舆论才称得上安全。

所以，在整个国家安全体系当中，舆论安全是一种客体清楚、目标明确、自成一体的安全类型。它与其他安全类型的紧密联系，并不妨碍其独立性。

实践中，国家安全体系中的各个组成部分，以舆论安全为纽带串联起来，形成了一个相互联系、相互作用、相互影响的整体。形象地说，舆论安全如同冰糖葫芦的竹签，其他安全类型如同一个个串在上面的山楂，舆论安全贯穿其他安全之间。简单地说，舆论安全既可以成为维护其他领域安全的一道精神屏障，也可以成为破坏其他领域安全的一把思想利刃。

5

加强"舆论安全"研究，将舆论安全纳入国家安全体系，具有重要的理论和实践意义。

从理论视角看，有利于进一步深化和完善总体国家安全观。舆论安全是国家安全体系的重要组成部分，它是国家安全的舆论形态，是国家安全在舆论领域的体现。世情、国情、党情、民情的变化和舆论传播手段的发展，使中国的舆论安全问题日益突出。习近平关于总体国家安全观的一系列重要论述，特别是其中有关宣传思想工作暨新闻舆论工作的重要论述，对舆论工作的宗旨、地位、作用、目标、方法、路径等一系列重大问题进行了深入探索和总结，为我们深化对舆论安全问题的理解和研究提供了重要遵循。舆论安全命题已经纲举目张，舆论安全战略亟待谋篇布局。

这有利于我们主动设置议题，争夺国际话语权。包括"新闻自由""民主人权"在内的诸多范畴，长期以来被西方掌握着定义权和解释权，无论怎么论证和解释，都会落入话语陷阱。在西方人眼中，同西方意识形态存在差异的文明，都充满了各种"原罪"。这就决定了我们在跟西方讨论"新闻自由"这些命题的时候，怎么说都是错的。换句话说，"新闻自由"概念同西方根本没有什么"谈判空间"。

所以，我们可以通过设置"舆论安全"议题，倡导新型社会治理理念，阐述清楚保障"新闻自由"同维护"舆论安全"是一体两翼的关系。把这个问题说清楚，有利于揭示、驳斥、阻击一些人在"新闻自由"问题上的片面理解和恶意炒作，为加强舆论调控提供理论支持。

从实践视角看，加强舆论安全问题研究，有利于我们保持居安思危的敏感性，进一步深化对舆论安全工作的认识，进一步加强对舆论安全工作的部署，切实维护我国的舆论安全。

习近平同志强调指出："做好宣传工作必须全党动手……要树立大宣传的工作理念，动员各条战线各个部门一起来做，把宣传思想工作同各个领域的行政管理、行业管理、社会管理更加紧密地结合起来。"做好新形势下的舆论工作,需要在充分发挥舆论工作部门主力军作用的基础上,把上上下下、方方面面的积极性充分调动起来,有效整合各种资源和各方面力量协同作战,从而形成强大的舆论合力。但是客观地说,当前党的新闻舆论工作在"全党动手"方面还存在一些难以适应形势发展的问题。

在维护舆论安全问题上,应当东西南北中、全国一盘棋。从宏观上说,这样有利于倡导、推动舆论工作的方式方法创新,也有利于舆论工作的统筹安排和各部门之间的协调配合,改变目前这种宣传思想文化部门孤军奋战的舆论工作格局。从微观上说,有利于通过培训和引导,使各级领导干部提高舆论安全意识和舆论工作能力,从而更好地运用舆论工具,维护社会稳定,巩固并壮大党和政府的公信力,塑造和传播负责任大国的国际形象。

这对于改变非舆论工作部门不想碰、不敢碰、不会碰舆论工作的现状,对于从国家战略层面谋划舆论工作,对于维护中国的国家安全,都是一个具有现实意义的重大问题。

6

对于舆论安全问题,我已经关注了十余年。一直认为,这是一个很有理论价值和现实意义的命题,特别是面对"西强我弱"的舆论格局,面对舆论应对的种种乱象,面对党和政府公信力因此屡遭蚕食,就难免心生焦虑。

为此,我持续写过一些文章,还专门整出一本书来,就为了让它受到应有的重视。对着党旗宣誓的时候,我们承诺"履行党员义务""对党忠诚,积极工作",具体落实起来,首要的就是结合自己的本职工作，研究些深层问题，提出些合理化建议，做出些实实在在的努力。

　　所谓"位卑不敢忘忧国"，这也算是一名舆论工作者的初心了。

后 记

这本书得以出版，实属偶然。如果没有组织上安排我到党校学习这么长时间，如果没有党校老师和各位专家的精彩授课，如果没有各位同学的热情鼓励，这种偶然就不会"变现"。所以，敬意首先要献给与此相关的所有人。特别感谢王东京副校长和夏伟东社长的倾情推荐。

当我有意想将"党校学习笔记"结集出版时，已是2018年11月底。仅用一月有余的时间即告付梓，没有蒋祖烜同志的关心和督促，没有湖南人民出版社谢清风社长的全力支持，没有责任编辑吴向红女士的悉心推进，也是不可能的。谨以致谢！

党校学习期间，我的妻子和女儿为我承担了生活中绝大部分的责任。我在《舆论的脾气》一书的《后记》中表示，她们是我此生最好的朋友。这一次，我还要再加上一句——你们是我前行的动力！

我的第一本书——《舆论的脾气》，其《后记》写于延安市枣园路，彼时我正在中国延安干部学院学习。每周从家里回党校，途中都要经过中国人民大学，坊间称之为"第二党校"，那是我的母校。这一本书，更是同党校产生了直接而必然的联系。看来，我跟党校有缘。

感谢所有吧！

2019年元月于北京市大有庄100号

图书在版编目（CIP）数据

理论的味道 / 赵强著. —长沙：湖南人民出版社，2019.1

ISBN 978-7-5561-2192-2

I. ①理⋯　II. ①赵⋯　III. ①舆论—研究—中国　IV. ①C912.63

中国版本图书馆CIP数据核字（2019）第002168号

LILUN DE WEIDAO

理论的味道

著　　者	赵　强
责任编辑	吴向红
设计总监	虢　剑
装帧设计	泽信策划设计

出版发行	湖南人民出版社［http://www.hnppp.com］
地　　址	长沙市营盘东路3号
邮　　编	410005

印　　刷	长沙超峰印刷有限公司
版　　次	2019年1月第1版
印　　次	2022年3月第3次印刷
开　　本	710 mm × 1000 mm　　1/16
印　　张	15.25
字　　数	180千字
书　　号	ISBN 978-7-5561-2192-2
定　　价	48.00元

营销电话：0731-82683348　　（如发现印装质量问题请与出版社调换）